شوناس

و

رەهەندی بەجیهانیبوون

پەیمانگای جیهانیی فیکری ئیسلامیی

سەنتەری زەهاوی بۆ لێکۆڵینەوەی فیکریی

(١٧)

شوناس و رەهەندی بەجیهانیبوون

نووسینی:

عومەر عەلی موحەممەد

ئەم کتێبە بەشی سێهەمی نامەی ماستەری نووسەرە لە بواری کۆمەڵناسیی سیاسییدا، بە ناونیشانی:

(بەجیهانیبوون و کاریگەریی لە سەر شوناسی کولتووریی)

بە سەرپەرشتی دکتۆر صەباح بەرزنجی

چاپی یەکەم

١٤٣٣ ك   ٢٠١٢ ز

مافى لەچاپدانى پارێزراوە

ناوى کتێب: شوناس و رەهەندى بەجیهانیبوون.

نووسینى: عومەر عەلى موحەممەد.

لە بڵاوکراوەکانى: پەیمانگاى جیهانیى فیکرى ئیسلامیى و

سەنتەرى زەهاوى بۆ لێکۆڵینەوەى فیکریى، ژمارە (۱۷).

لە بەرێوەبەرایەتیى گشتیى کتێبخانە گشتییەکان ژمارەى (۱۰۹٤)ى ساڵى (۲۰۱۲)ى دراوەتێ.

چاپى: یەکەم — سلێمانى — ۲۰۱۲.

چاپخانە: شڤان.

تیراژ: (۱۰۰۰) دانه.

iiitkurdistan@yahoo.com ئیمەیلى پەیمانگا:

چاپى ئەمازۆن: ۲۰/۸/۲۰۱۷

ISBN-13: 978-1974613533

لینکى کڕینى کتێبەکە لە ئەمازۆن:

http://www.amazon.com/dp/1974613534

به ناوی خوای بهخشندهی میهرهبان

پێشهکی

به وتهی ئهریکسۆن" یهکێك له گرنگترین قهیرانهکانی ئهم سهردهمه نوێیه که مرۆڤ تووشی دهبێت، بریتییه له قهیرانی شوناس، چونکه لهگهڵ پێشکهوتنی جیهان و دهرکهوتنی بهجیهانیبوون، ئیتر نزیکهی دیارده و فۆڕم و شێوازهکانی ژیان گۆڕانیان بهسهردا دێت. له دوای ئهوه جیهانێك دروست بوو که زۆر جیاوازه له جیهانهکهی پێشوو، به بهردهوامی پێشکهوتنی جیهان و گۆڕانکارییه جیاوازهکان وهك تۆفلهر له ساڵهکانی نهوهدهکاندا دهیوت، جیهان ههموو حهوت ساڵ جارێك دهگۆڕێت، بهڵام ئێستا دوای ئهو شۆڕشه گهرموگورهی زانیاریی و تهکنهلۆژیا، جیهان ههموو ساڵێك و ههموو مانگێك دهگۆڕێت، لهبهر ئهوه ئهو شتانهی که لای مرۆڤ نهگۆڕ بوون، دهکهونه ژێر فشار و جۆرێك له کاردانهوه، یان تهسلیمبوون دروست دهکهن.

دیاردهی بهجیهانیبوون دهچێته ناو ههموو کایهکانی ژیانی مرۆڤهوه، دهست دهخاته شێوازی بیرکردنهوهی ههموو تاکێك، تهنانهت کاریگهریی دروست دهکات بۆ دیدو تێڕوانینی ههموو مرۆڤهکان و لێرهشهوه خوێندنهوهی نوێ بۆ مێژوو ئابووری و ئاین و رۆشنبیری و.. هتد سهر ههڵدهدات، نهتهوهکان دهکهونه بهردهم واقیعێکی نوێ، که ئایا چۆن مامهڵه لهگهڵ ئهم دیارده نوێیهدا بکهن که پێی دهوترێت بهجیهانیبوون. ئهو نهتهوانهی که خاوهنی پلان و ستراتیجییهتێکی خۆیانن و له ناو گۆڕانکارییهکاندا دهژین و خۆیان بهشێکن لهو جیهانه نوێیه، زۆر ناکهونه ژێر فشار و شڵهژانیان پێوه دیار نییه، نموونهی ئهم کۆمهڵگهیانهش یابانی و چینییه.

ئهم دوو کۆمهڵگهیه که له رووی شوناسهوه جیاوازن له کۆمهڵگهی ئهمریکی و ئهوروپیی، له کاتێکدا که مامهڵه لهگهڵ دیاردهی بهجیهانیبوون دهکهن، نایهن بیر له پهراوێزخستنی شوناسی نهتهوهیی و کلتووری و ئاینیان بکهنهوه، بهڵکو تهکنهلۆژیا و

زانیارییەکان وەردەگرن و جارێکی تـر بە ڕۆحێکی یابانی و چینیەوە دەیخەنە ڕوو، بەمەش دەبینین ئەو دوو کۆمەڵگەیە سەرەڕای پێشکەوتنیان لە بواری شۆڕشی زانیاری و ژمارەییدا، بەڵام توانیویانە پارێزگاری لە شوناسی خۆیان بکەن و لە هەمان کاتدا وێنەی تەکنۆلۆژیاکەش جۆرێك لە شوناسی نیشتمانی و نەتەوەیی پێ بدەن.

بەڵام لێرەدا ئەوەی ئێمە دەمانەوێت لەسەری بووەستین، کۆمەڵگە دواکەوتووەکان و نەتەوە موسڵمانەکانن، چونکە خراپیی بارودۆخی ژیان لەم کۆمەڵگایانەدا و دواکەوتوویی لە ڕووی ئابووری و سیاسی و کۆمەڵایەتییەوە، وای کردووە مرۆڤی ئەم کۆمەڵگەیانە بەردەوام کەسایەتییەکی شکستخواردووییان بۆ دروست ببێت، لەبەر ئەوە تاکی ئەم کۆمەڵگەیانە تاکێکە هەست بە بوون و ئیراده و گەورەیی خۆی ناکات، بەردەوام خۆی وەك کەسێکی بێتوانا و دواکەوتوو دێتە پێش چاو و ئەوانی تریش بە پێشکەوتوو شارستانی و مەدەنیی، ژینگەی دواکەوتووی ئەم کۆمەڵگەیانە و دوورییان لە ڕووی شارستانی و بەشدارییەنەکردنیان لە گۆڕانکارییە جیهانییەکاندا، وای لێکردوون کە گومان لە خۆیان و لە شوناس و ئایین و شارستانیەتەکەیان بۆ دروست ببێت.

فرانس فانۆن لە وتەیەکیدا دەڵێت ڕەشپێستەکان بەردەوام خەو بەوەوە دەبینن کە ڕۆژێك پێستیان سپی بوایە. ئێستا لە ژێر ڕۆشنایی ئەو بۆچوونەدا قژڕەشەکان و چاوە ڕەشەکانیش هەمان هەستیان بۆ دروست بووە، کە بەردەوام لە بەردەم چاوی شین و قژی زەرددا خۆیان بە کەمتر دەزانن، لەبەر ئەوە بە هەر هۆکارێك بووە دەیانەوێت ڕەنگی چاو و قژیان بگۆڕن و وەك ئەوانی لێ بکەن.

بارودۆخی دواکەوتووی کۆمەڵگەی کوردیی وایکردووە کە تاکی کورد هەست نەکات شوناسێکی هەیە، بۆ ئەم مەبەستەش لەسەر ئاستێکی گشتیی حکومەت و ڕۆشنبیرانیش پرۆژەیەك لە ئارادا نییە، بەڵکو بەردەوام کۆمەڵێك ڕۆشنبیر هەن کە کار لەسەر لاوازکردنی شوناس دەکەن و ڕەخنە لە پێگە بەهێزەکان دەگرن و ناتوانن بۆ ئایندەش پێشنیاری شوناسێکی باشتر بکەن. دەتوانی قەیرانی شوناس لە کۆمەڵگەی

کوردیدا لە ڕێگەی هەڵوێستی گەنجان بەرامبەر ئاین و نیشتمان و نەتەوە ببینی. کە زۆربەیان بە ڕەشبینییەوە سەیری ئەم بوارە دەکەن و دڵخۆشییەکیان بۆ ئاینده تیادا نابینرێ.

ڕاستە ئەمە بەشێکی کاردانەوەی ئەو واقیعە سیاسییەیە کە لە ئارادایە، بەوەی کە وەك فارابی دەڵێت ئەو بەشدارییەکی لە نیشتماندا نییە هەتا خۆشی بوێت. چونکە بۆئەوەی هەموومان نیشتمانمان خۆش بوێت، دەبێت موڵکی هەموومان بێت، نەك لە لایەن کەمینەیەکەوە دەستی بەسەردا بگیرێت و زۆرینە لێی بێبەش بن.

شوناس بەردەوام پێویستی بە بنیاتنانەوە و ڕیفۆرم و تازەگەریی هەیە، بۆئەوەی ئەم شوناسە ڕەنگدانەوەی واقیعی ئێستای جیهان بێت و هەموو لایەك پارێزگاری لە کلتوور و ڕەسەنایەتی نیشتمان و نەتەوەیی بکەن. لە لایەکی تریشەوە لە پێشکەوتنە جیهانییەکە دوا نەکەون و نەتەوەیەکی زیندوو بن لە بواری گەشەپێداندا.

لەم سەردەمەدا کە بە سەردەمی بەجیهانیبوون ناسراوە، شوناسی نەتەوەکان لە هەموو کاتێك زیاتر بەرەوڕووی بارودۆخێکی نوێ دەبنەوە، کە ئایا دەتوانن لە بەرامبەر ئەوەی پێی دەوترێت شوناسی جیهانیی خۆیان بگرن، یان تووشی قەیران و توانەوە دەبن و هەرەس دەهێنن؟ ئەوەی ئەمرۆ پێی دەوترێت شوناسی جیهانیی لە ڕاستیدا شوناسی جیهانیی نییە کە لەسەر بنەمای پەیڤین و لەیەکتر تێگەیشتنێکی جیهانیی دروست بوو بێت، بەڵکو شوناسێکی لۆکاڵیی ڕۆژئاوایە بەتایبەتیش ئەمریکا، کە وێنای خۆی دەکاتەوە لە قاڵبێکی جیهانییدا و دەیەوێت باز بەسەر هەموو شوناسەکانی تردا بدات، ئەم شوناسە نوێیە پێگەیەك ناهێڵێتەوە بۆ شوناسەکانی تر و هەریەکەیان بە جۆرێك لە ناکامڵبوون و بەربەری و ناشارستانی و سەرەتایی لە قەڵەم دەدات و لە بەرامبەریشدا شوناسە ڕۆژئاواییەکە دەکاتە سەرچاوەی ئیلهامی پێشکەوتن و شارستانیەت و گەشەپێدان، لەبەر ئەوەش کە ئەمرۆ ڕۆژئاوا پشتئەستوورە بە پێشکەوتنی تەکنۆلۆژی و سەربازی و ئابووریی، زۆرجار دێت و لە ڕێگەی ڕێکخراوە نێودەوڵەتییەکان و بانکی نێودەوڵەتی و بانکی بازرگانیی جیهانیی

ئەو مەرجە کولتوورییانە دەسەپێنێت بەسەر وڵاتە دواکەوتووەکاندا، کە دواجار بە قازانجی کلتوور و شوناسی باڵای ڕۆژئاوا بێت. هەر بۆ ئەم مەبەستەش دەبینین تەنانەت لە کاتی قەیرانە سیاسییەکان و هاتنەناوەوەی ڕێکخراوە ڕۆژئاواییەکان بۆ وڵاتانی باشوور، بەگشتی بەشێک لە پرۆگرامەکانیان لە گەشەپێدانی مەدەنیەت و دیموکراسی و باری ئابووریی، کارکردنە لەسەر جەختکردنەوە لەسەر گەشەپێدانی کلتوور و شوناسی ڕۆژئاوا و لەم ڕێگەیەشەوە دەیانەوێت ئەوە بڵێن کە کلتووری ئەم نەتەوانە سەرچاوەی شەڕ و توندوتیژی و دواکەوتنەکانن و بەبێ وازهێنان لەو کلتوورانە پێشکەوتن روو نادات.

بەڵام سەرەڕای ئەو هەوڵانەش کە لە ئارادان بۆ سڕینەوە و بەرەوڕووبوونەوە و دروستکردنی قەیران بۆ شوناسە تایبەتمەند و لۆکاڵەکان، لە هەمان کاتدا ئێستا لە ئاسیا و جیهانی ئیسلامیی و ئەمریکای لاتین و ئەفریقیاشدا، بزاڤێکی نوێ سەری هەڵداوە و وەک جۆرێک لە ڕابوونێکی کلتووریی دەردەکەوێت، ئەویش لە بەرامبەر ئەو مەترسییەی کە کلتوورێکی جیهانیی دەیەوێت لە بەرامبەر کلتوورە لۆکاڵییەکاندا ئەنجامی بدات، بەمەش هەست دەکرێت کە شەپۆلێکی نوێی گەڕانەوە و بنیاتنانەوەی شوناس دەستی پێکردووە. ئەم ڕووبەڕووبوونەوەیە تەنانەت ئەوروپاشی گرتۆتەوە دژ بە ئەمریکا و نایانەوێت نەوەی نوێیان لەسەر فیلمەکانی هۆڵیوود و ڕاگەیاندنی نوێی ئەمریکا گەورە ببن، لە یابانیشدا شوناسێکی تایبەتمەند دەبینین کە پارێزگاری لە تایبەتمەندییەکانی خۆی دەکات و وێنەیەکی نوێ دەداتەوە بە شوناس لە پاڵ پێشکەوتنی شۆڕشی زانیاری و تەکنۆلۆژییدا، بەمەش دەیەوێت ڕەسەنایەتی کلتووری نەتەوەی یابانیی لە بەردەم شاڵاوە جیهانییە نوێیەکەدا بپارێزێت.

لە جیهانی ئیسلامییشدا گەڕانەوەیەکی بەرفراوانی گەلانی موسڵمان دەبینین بۆ شوناسی ئیسلامیی و بۆئەوەی لەم ڕێگەیەوە بتوانن جارێکی تر وێنەیەکی نوێ بۆ خۆیان دروست بکەنەوە، کە ئەویش پشتبەستنە بە کلتووری دەوڵەمەندی شارستانیی

خۆیان، بۆ وەستانەوە بە ڕووی هەر هەولێک کە دەدرێت بۆ سڕینەوەی کلتووری ئیسلامیی.

ڕاپەڕینە جەماوەرییەکانی ئەم دواییەش لە جیهانی ئیسلامییدا ئەوەیان سەلماند کە گەلانی موسلمان لە هەولی گێڕانەوە و بنیاتنانەوەی سەر لە نوێ شوناسی ئیسلامیی خۆیاندان و نایانەوێت کە ئەم شوناسە لەسەر بنەمای عەلمانیبوون، یان فاشیبوون و تاکڕەوی و عەسکەرتاریی بنیات بنرێت، لەگەڵ داواکانیان بۆ ئازادی و دیموکراسی، لە ڕوویەکی تریشەوە دەیانەوێت پارێزگاری لە شوناسی شارستانی و ئاینیی خۆیان بکەن. ئەنجامدانی هەلبژاردنەکانی میسر و تونس و مەغریب و سەرکەوتنی ئیسلامییەکان بە دەنگی خەلک، ئەو ڕاستییەی سەلماند کە ئەم گەلانە کاتێک داوای دیموکراسی و ئازادی و عەدالەت دەکەن، دەیانەوێت ئەم چەمکانە بە باکگراوندێکی ئیسلامیی ڕەنگرێژ بکەنەوە و کۆتایی بەو قۆناغە بهێنن کە لە ڕێگەی ستەمکارییەوە دەیانویست شوناسێکی عەلمانیی بۆ ئەم نەتەوانە دروست بکەن، کە هەلقولاوی ئایدیۆلۆژیای لیبرالی و سۆشیالیستیی بێت.

نووسەر

٢٠١٢/١/٢٣

بەشی یەکەم:
شوناس لە نێوان لۆکاڵیبوون و بەجیهانیبووندا

شوناس پێناسەی جۆراوجۆری هەیە و هەریەکە بە جۆرێك دید و تێڕوانینی خۆی لە بارەیەوە دەخاتە ڕوو، هەندێك لەو بڕوایەدان کە وشەی شوناس فیکرەیەکی ستاتیکی لە نێو خۆیدا هەڵگرتووە، چونکە تەعبیر لە جەوهەری شتەکان دەکات، کە لەناو نەچن و نەگۆڕێن، یان دەتوانین بە جۆرێکی تر بڵێین هەڵگری چەند رەگەزێکی نەگۆڕە، واتە تەعبیرکردنە لە (کرۆکی شتەکان) لە ڕووی دیاریکردن و تایبەتمەندبوون و یەکجۆرییەوە [1]، واتە بریتییە لە کۆمەڵێك سیما و ئاکار و بەهای کۆمەڵایەتی هاوبەش لە ڕووی سایکۆلۆژیی و کولتووری و کۆمەڵایەتی و ڕۆحی و شارستانییەوە. لە زانستی کۆمەڵناسیدا دەتوانین بە شتێکی سایکۆلۆژیی، یان سلوکی گشتی کۆمەڵ ناوی بەرین و ئەم سیفات و ئیحایانەش لە گەلێکەوە بۆ گەلێکی تر گۆڕانیان بەسەردا دێت، چونکە شوناس دەگۆڕێت، بە گۆڕانی کات و شوێن.

هەموو گەلێك ژینگەیەکی تایبەتی خۆی هەیە کە تیایدا دەژی، ژینگە بریتییە لە گرنگترین ئەو هۆکارانەی کە کار لە سلوکی تاك دەکەن لە ڕووی پێکهاتەی سایکۆلۆژی و شێوازی بیرکردنەوەیدا.

لە نێو هەر گەلێکدا سێ ئاست لە شوناسی کولتووریی هەیە: شوناسی تاك، شوناسی کۆمەڵ، شوناسی نیشتمان یان نەتەوەیی، پەیوەندیی نێوان ئەم ئاستانە چەسپاوی نییە، بەڵکو لە حاڵەتێکی هەڵکشان و داکشانی بەردەوامدایە، بواری هەریەکەیان دەگۆڕێت بە ئاراستەی فراوانبوون، یان بەرتەسکبوونەوە.

---

[1] سلیمان تقي الدین، تحولات المجتمع والسیاسة، أفکار عن عالم جدید، دار الحداثة، بیروت، ط۱، ۱۹۹۲، ص۶۶.

ئەویش بەپێی بارودۆخ و جۆرەکانی بوونی ململانێ، یان نەبوونی، یان یەکگرتن و هاریکاریی، یان نەبوونی جۆلێنەرێک دەگۆڕێت، ئەمەش بەرژەوەندیی تاک، یان کۆمەڵ، یان بەرژەوەندیی نیشتمانی و نەتەوەیی دیاریی دەکات.[2]

شوناس مەرجێکی بنەڕەتی و پێویستە بۆ ژیانی کۆمەڵایەتی و بەبێ بوونی چوارچێوەیەکی دیاریکراو بۆ شوناسی کۆمەڵایەتی مرۆڤ ناتوانێت بە ژیانێکی ئامانجدار بژی و ناشتوانێت پەیوەندییەکی کۆمەڵایەتی تەندروست لەگەڵ ئەوانی تردا بنیات بنێت، لەواقیعدا هیچ کۆمەڵگەیەك نییە بەبێ بوونی شوناسێکی بەکۆمەڵ،[3] بەڵام ئەم چەمکە لەم زەمەنە نوێیەدا، دەکەوێتە بەردەم شەپۆلێکی نوێ لە گۆڕانکاریی، کە جیاوازە لەو بارودۆخەی کە لە سەدەکانی پێشوودا هەبووە، چونکە کولتوور دابڕاو نییە لە گۆڕانکارییەکان و بە جۆرێک لە جۆرەکان گۆڕانی بەسەردا دێت، کولتوور بەرهەمی ماددی و مەعنەویی مرۆڤە و بە گۆڕانی سلوك و بیرکردنەوەی مرۆڤیش، کولتوورەکەش گۆڕانی بەسەردا دێت، دیوێکی مەترسیدار لە کولتووری بەجیهانیبووندا ئەوەیە، کە هەوڵی سڕینەوە و هەڵوەشانی ڕەمز و کەلەپوور و شارستانییەکانی تر دەدات.

ڕۆژئاوا بۆ ئەوەی سنووری قەڵەمڕەو و کاریگەریی کولتووره تایبەتییەکەی خۆی زیاد بکات، لەبەر ئەوە بەردەوام وای لەقەڵەم دەدا، کە کولتووری ئەو تازە و مۆدێرنیزم و پێشکەوتووخوازە و کولتوورەکانی تر دواکەوتوون، لێرەشەوە سووکایەتی و بێڕێزکردن و هەڵوەشانی مێژوو و کولتوور و شارستانییەکانی تر بەتایبەتی لەبەردەم ئەوەی نوێدا، ئامانجێکی سەرەکیی ئەم کولتووره نوێیەیە، کە دەیەوێت بیانکات بە پاشکۆی خۆی و وێنەی جۆرێکی تر لە شوناسیان بۆ دروست دەکات کە بەپێی دەڵێن شوناسی جیهانیی، کە بەپێی ئامانجەکانی خۆی هەوڵی

---

[2] محمد عابد الجابري، العولمة و الهوية الثقافية، عشر أطروحات، لە کتێبی (العرب و العولمة)، ص٢٩٨-٢٩٩.

[3] أحمد گول محمدی، جهانی شودن فرهنگ، هویت، تهران، انتشارات نشونی، ل ٢٤٨.

بنیاتنانی مرۆڤێکی جیهانیی دەدات، ئەم شوناسە نوێیە مرۆڤێکی بەکاربەر و پاشکۆیە بۆ ئەم شوناس و کولتوورە نوێیە.

یەکێک لە گرنگترین پێداگرتنەکانی سەردەمی بەجیهانیبوون بریتییە لە گەشەدان بە هەژموونی کولتووری ڕۆژئاوایی لەسەر حسابی کولتوورە ئاینی و لۆکاڵی و نەتەوەییەکان، ئەم کولتوورە نوێیە خاوەنی (زانیارییەکان) و هەموو هۆکاری پێویستە لە ڕووی سیاسی و ئابووری و تەکنیکییەوە، لەپێناو چەسپاندنی ئامانج و چەمکەکانی سەردەمی بەجیهانیبوون.[٤]

مەترسییەکانی بەجیهانیبوون لەسەر شوناسی کولتووریی سەرەتایەکە بۆ مەترسییەکی گەورەتر لەسەر دەوڵەت و سەربەخۆیی نیشتمانی و بەڕێوەبردنی نیشتمان و کولتووری نیشتمانی، واتا بەجیهانیبوون دەبێتە هۆی پاشکۆیەتی زۆرتری کەنارەکان بۆ سەنتەر، یەکگرتن و کۆکردنەوەی هێزەکانی سەنتەر و هەڵوەشاندنەوەی هێزەکانی کەنار، لە نێو ئەوانیشدا دەوڵەتی نیشتیمانیی.[٥]

هەر بە ناوی کولتوورەوە، کولتوورە لۆکاڵی و تایبەتییەکان دەکەونە بەر لەقاڵبدان لە کولتووری ناوەنددا، واتە دەتوانین بڵێین کە چەمکی (acculturation) بە جۆرێکی سلبی کەڵکی لێ وەردەگیرێ کە مانای لەناوبردنی کولتوورێک دەگەیەنێت لەپێناو کولتوورێکی تردا، واتە قووتدانی کولتوورێکی کەنار لەلایەن سەنتەرەوە، بۆ ئەم مەبەستەش زۆر چەمکی تر بەکاردەبرێن، وەک پێکدادانی شارستانی، یان پەیڤینی شارستانییەکان، یان ئاڵوگۆڕی کولتووریی، بە کورتی ئەم چەمکانە ئەوە دەگەیەنن کە کولتووری سەنتەر بریتییە لە کولتووری باو و باڵادەست کە خۆی لە کولتووری جیهاندا دەبینێتەوە، پێویستە هەموو کولتوورەکان چاویان لێ بکەن و شوێنی بکەون.[٦]

---

٤ د. أحمد البغدادي، أزمة الفكر الاسلامي في عصر العولمة، مجلة النهج، مركز الابحاث والدراسات الاشتراكية في الوطن العربي، دمشق، ص١٦.

٥ د. حسن حنفي، د. جلال العظم، ما العولمة. دار الفكر، دمشق، ٢٠٠٠، ص٥.

٦ هەمان سەرچاوە، ل٥٣- ٥٤.

شوناس و تایبەتمەندی تەمەندی کولتووری :

لەوانەیە بڵێین رۆژنامە و بڵاوکراوەی عـەرەبی و ئیسلامیی نییە کـە بـاس و لێکۆڵینـەوەی لەسـەر دیاردەی بەجیهانیبوون و کاردانـەوەکانی نـەکردبێت لەسـەر شوناسی نەتەوەیی و شارستانی، لەهـەمان کاتـدا دەیـەها کۆڕ و سیمینار گیراون لە گۆڕەپانی عەرەبیدا کە باس لەم دیاردەیە دەکـەن بە هـەمان ژیربێژی و بە هـەمان مەرجەعیەتەوە . [٧]

ئەم دیاردەیە ئێستاشی لەگەڵدا بێت کـەمتر بووەتـە بـاس و خواسـی میدیا و ئەکادیمیای کوردیی، چونکە گەلی کوردستان قەیرانی لەپێشتری هەیە و کـەمتر ئـەو بابەتـە بووەتـە جێگـەی سـەرنجی سیاسـی و رۆشنبیران و رۆژنامەنووسـان، لەلایـەک گرفتی شوناسی سیاسیی هەیە، لەلایەکی تریشـەوە گەندەڵی شۆڕ بووەتـەوە بە نـاو هەناوی کۆمەڵگەی کوردیدا و لێرەوە خەڵک پرسیاری مافە سـەرەتاییەکانی هەیە نـەک باس لە قەیرانی شوناس و خوێندنەوەی ئایندەی پەیوەندییەکانی کۆمەڵگەی کوردی بە کۆمەڵگەی جیهانییەوە .

بـەڵام لەلایـەکی تـرەوە ئـەگـەر سـەیری خوێندنـەوەی زۆرینـەی نووسـەر و رۆژنامەنووس و بڵاوکراوەکان بکەین لە وڵاتانی عـەرەبی و ئیسـلامییدا، بە پلـەی یەک ناتوانن شتێک بنووسن کە پێچەوانەی ئاڕاستەی سیاسـەتی دەوڵـەتی مەرکـەزیی بێت، دەوڵـەتانی ئەم ناوچەیەش لەوە دەرناچن کە دەوڵـەتێکی تاکڕەوی عەسکەرتارین، یان دەوڵـەتی شانشـین و بنەماڵـەن، ئەگـەر جۆرێک لـە دیموکراسـییەتیش هـەبێت هـەر لە خزمەت ئەو جۆرە دەسەڵاتانەدایە و هـەرگیز لە خزمەت گۆڕانی ریشەیی و چەسپاندنی عەدالەتی کۆمەڵایەتیدا نییە، لەبەر ئەوە کاتێک سەیری هەڵوێستی ئەو رۆژنامەنووس و نووسـەرانەش دەکـەین، نووسینەکانیان بە ئاڕاستەیەک دەنووسن لـە خزمـەت مانـەوەی دەسەڵاتی سیاسیدا بێت وەک کە ئێستا هەیە، لەبەرئەوەین دەبینین کاتێک کە بـاس لە کاریگەرییـەکانی بەجیهانیبوون دەکرێت لەسـەر شـوناس و کولتـوور، ئەمـە بـە

---

[٧] د . سید ولید اباه، إتجاهات العولمة، المركز الثقافي العربی، ٢٠٠١، ص٥١.

مەترسییەکی گەورەی لە قەڵەم دەدەن و بە هۆکارێکی دەزانن بۆ توانەوە و لەناوچوون، لەبەرامبەردا مەودایەک ناهێڵنەوە بۆ گفتوگۆ و لەیەکترگەیشتن، یان هەنگاوێک بۆ ڕیفۆرمێکی کولتووری، چونکە دەوڵەتانی ئەم ناوچەیە زۆر لە ڕیفۆرمی کولتووری سیاسیی دەترسن، لەم ڕوانگەیەوە دەبینین کە بەردەوام سنوورەکانی ئازادی و دیموکراسی کەمدەکەنەوە، ئەویش بە بیانووی پاراستنی شوناس، یان یەکێتیی نەتەوەیی، بۆ بەرەوڕووبوونەی دوژمنە دەرەکییەکان.

لەبەر ئەوەی ئەم ڕژێمە سیاسییانەش هیچ بەرنامەیەکیان نییە بۆ گۆڕان و گەشەپێدان، هەوڵدەدەن بە هەمان شێوازی خۆیان بمێننەوە و لەهەر بانگەشە و شەپۆلێکی گۆڕان دەترسن و ناتوانن وەک بزاڤێکی سیاسیی بوونی خۆیان لە ڕەهەندێکی ئازاد و دیموکراسیدا بسەلمێنن.

لەلایەکی ترەوە ئێستا کۆمەڵێک لە ڕژێم و حیزبی سیاسی کەوتوونەتە بەردەم پرسیار و لێپرسینەوەی شێڵگیرانەی گەل و نەتەوەکانیان، چونکە بەشێک لەمانە هەڵگری جیهانبینییەکی سیاسی نین کە هەڵقوڵاوی کولتوور و مێژوو و شارستانیەتی گەلەکانیان بن، بەڵکو هەڵگری کۆمەڵێک دروشم و جیهانبینی و سلوکن، کە نامۆن بە کولتوور و جیهانبینی گشتیی هاووڵاتیان، لێرەوە لەبەردەم پرسیاری شوناسدا بێ وەڵام و ناتوانن ببنە ئەو هێزەی کە پارێزگاری لە سیماکانی شوناس و کولتوور بکەن، بەڵکو زۆر جار هەر خۆیان هۆکارێکی بەهێزن لە لاوازکردنی ئەو شوناس و کولتوورەدا.

ئێستا کە باس لە کولتوور دەکرێت وەک جیاکەرەوەیەکی شوناس وێنا دەکرێت و دەکرێتە بنەمای پێکهاتنی کەسایەتی نەتەوە، هەر لێرەوە باسکردن لە پاراستنی تایبەتمەندیی کولتوور کراوەتە هۆکارێکی تر بۆ بەهێزکردنی پێگەی شوناس و پاراستنی لە دەستێوەردانی دەرەکیی.[8]

---

8 ادريس هاني، العرب والغرب، ص٨٤.

بەڵام دەبێت ئەو راستییە بزانرێت کە ئەوە دڵسۆزی نییە بۆ شوناسی نەتەوە کە تۆ بە ترسەوە سەیری هەموو گۆڕانکارییە نوێیەکان بکەیت، بەڵکو پێویستە کە بەردەوام تۆ لە فیکری ریفۆرم و خۆگونجاندن و نوێبوونەوەدا بیت، لەلایەکی تەرەوە گۆڕانکارییەکان ئێستا بە ئاراستەیەکن کە بوارێک نەماوەتەوە بۆ خۆپەراوێزخستن و داخران و خۆگرمۆڵەکردن، چونکە ئەگەر تۆش تەوێت بەو ئاراستەیە هەنگاو هەڵبگری، هۆکارە جیهانییەکان و تۆرەکانی پەیوەندی بە جۆرێک پێشکەوتوون کە تۆ ناتوانی رێگەیان لێ بگری. ئەمرۆ هێزی مەعریفە بااڵدەستە و گۆڕەپانی ئەویش فەزای سبرنێتی و گەردەکانی بۆشایی ئاسمانە، کە سنوورەکان بەبێ پرس دەبڕێت و سەرەرای داخستنی دەرگا و پەنجەرەکان لەگەڵ هەوادا خۆ بە ژوورەکاندا دەکات و لە رێگەی شاشە جۆربەجۆرەکانەوە خۆی لەبەردەم تۆدا نمایش دەکات و قسەت بۆ دەکات و زانیاریت دەداتێ، لەبەر ئەوە هەموو نەتەوە و ئاینە جۆربەجۆرەکان دەبێت بە ناچاری گوێ لە گوتاری بەجیهانیبوون بگرن و مامەڵەی لەگەڵدا بکەن.

لەبەر ئەوە نەتەوە زیندووەکان لە کرانەوە و بەجیهانیبوون ناترسن، بەڵکو بە بەرنامە و عەقڵیەتێکی نوێوە مامەڵە دەکەن و دەچنە نێو تۆرەکانی زانیاری و شۆڕشی بەجیهانیبوونەوە، کە هەموو بوارەکانی سیاسی و ئابووری و کۆمەاڵیەتی و کولتووریی دەگرێتەوە.

(بەپێی سروشتی ئەو کارەی کە ئێستا هەیە ئەو نموونەی دەوڵەت و گەلانە تووشی لاوازی و پاشەکشە دەبێت، ئەویش بە هۆکاری بابەتی، کە ئەوەش بەرئەنجامێکی مامەڵەیە لەگەڵ بەجیهانیبووندا، کە دەبێتە هۆی هەڵوەشاندنەوەی تایبەتمەندییە نیشتمانییەکان و سرینەوەی شوناسی نەتەوەیی)[9].

ترسی وڵاتانی ئیسلامیی لە دیاردەی بەجیهانیبوون، ناگەڕێتەوە بۆ بەهێزیی بەرامبەر لە رووی مەعریفە و بااڵدەستیی بەها مرۆییەکان، بەڵکو بەشێوەیەکی تایبەتی سەرچاوەی گرتووە لە کۆمەڵێک پێکهاتە و تایبەتمەندیی ئەو رژێمە سیاسییانەی کە

---

[9] د. سید ولید اباه، إتجاهات العولمة، سەرچاوەی پێشوو، ل١٧٢.

شوناس و ڕەهەندی بەجیهانیبوون

لەم ناوچەیەدا بالادەستن، چونکە خۆیان دەزانن خاوەنی چ پرۆژەیەکن و بەرنامەکانی پەرەپێدانی مرۆیی لەم کۆمەلگایانەدا تا چەند لە گەشەکردن و بەرەو پێشچووندایە، هەتا ئێستاش ئەم کۆمەلگایانە لە ڕیزی کۆمەلگە دواکەوتووەکاندان و خراپی گوزەرانی باری ئابووری جیاکەرەوەیەکی دیارە لەم ناوچەیەدا، سەرەڕای بلاوبوونەوەی گەندەلیی ئابووری و سیاسی و کارگێڕیی، کە جەستەی نەتەوەکانی دارزاندووە، بەم هۆکارانەشەوە نەتەوەکانی ئەم ناوچەیە کۆمەلێک گەلی بێئیرادەی دواکەوتوو و بێتوانایان لێ دروست بووە، کە تەنیا خەمیان بژێوی ژیانی ڕۆژانەیە. لەبەر ئەوە ئەوان لەبەردەم شالاوی بەجیهانیبوون و ململانێی شارستانییەکان هەلوێستێکیان نییە و بۆ ئەوان هیچ مانایەکی نییە.

سەنتەری هێز لەم ولاتانەدا تەنها هێزی بازوو و سەربازییە، کە ئامانجی یەکەمیان پاراستنی دەسەلات و کەمینەی حوکم بەدەستەکانە. ئەم هێزە تەقلیدییەش بۆ دنیای ئێستا مانایەکی نییە، چونکە ئەمڕۆ مانا و تێگەیشتنەکان بۆ سیاسەت و دەولەت گۆڕاون و تەنانەت چەمکی مانەوەش بە هۆکارە تەقلیدییەکانی وەک هێزی زەمینی و ئاسمانی ناکرێت و تەنانەت بنکە ئەتۆمییەکانیش نەیانتوانی یەکێتی سۆڤیەت و ولاتانی ئەوروپای ڕۆژهەلات لە هەرەس و تیاچوون بپارێزن.

موحەممەد مەحفوز وای دەبینێت کە ئەمڕۆ پێشکەوتنی زانست لە ڕووی تەکنەلۆژیا و تەکنیکی نوێ لەسەر ئاستێکی بەرز چۆتە نێو هەموو بوارەکانی ژیان و بووەتە بەشێک لە شوناسی نیشتمانی گەلان.

قسەکردن لەسەر چارەنووسی شوناس و کولتوورە لۆکالییەکان ئێستا ڕەهەندێکی فراوانی وەرگرتووە و تەنها خەمی گەلانی موسلمان نییە. لەم بارەیەوە سەید یاسین دەلێت:

(بەڕەوڕووبوونەوەکانی شوناس و ئەو ئێشکالیەتەی کە دروستی کردووە تەنها تایبەت نییە بە ولاتانی عەرەبی کە بەڕەوڕووی ببنەوە، بەلکو دەتوانین بلێین گرفتێکی کولتووری و سیاسی و جیهانییە کە مشتومڕێکی زۆری لەسەرەو شەڕێکی سیاسی و

فیکریـی خستۆتەوە لـه هـەموو ولاتـانی پێشـکەوتوو و گەشەسـەندوو، یـان دواکەوتوودا). [10]

لە ولاتانی باشووردا زۆرتر گەلانی موسلّمان هەست بەم مەترسییە دەکەن، چونکە سـەنتەری بـەجیهانیبوون لـه رۆژئـاوادا گیرسـاوەتەوە و بەتایبـەتیش لـه ئـەمریکادا، ئێستاش ئەمریکا بووەتە سەنتەری سیاسەت و ئابووری لە جیهاندا، لـه ژێر ئـەم بـارە نایەکسانییە دژوارەدا که بەردەوام تێڕوانینێکی گوماناوی هەیە بۆ بەرامبەر، لەبـەر ئەوە سایکۆلۆژیای کولتووری ئەم گەلانە لـەبارێکی ئاساییدا نییـە و هەسـت بـه تـرس دەکەن، له چارەنووسی شوناسەکەیان، ئەو هەست بە ترس کردنـە لـەوەوە سەرچـاوە دەگرێت کـه رۆژبەرۆژ مـاوەی نێـوان بـاکوور و باشـوور لـەزیادبووندایـه و هەسـت بـه دوورکەوتنـەوەی زیـاتر دەکـەین، واتـه لەلایـەك جیهـان دەبێتـه گوندێـك، بـەلام لـەو گوندەدا بەهەشت و دۆزەخێـك هەیـە بۆ ژیـان، باکوور جیهانێکی پرچەکە بە سـەروەت و سامانێکی زۆر و شۆرشی زانیاریی پێشکەوتوو، هەروەها هێزێـکی سـەربازیی بالادەست، بەلام لە هەمان کاتدا باشوورێکی دواکـەوتوو و پـەراوێز و کـەمخێر هەیـە، کـه ئـەمـەش نزیکی سێیەکی دانیشتوانی جیهان دەگرێتەوە.

ولاتـانی ئیسـلامیی و ولاتـانی عـەرەبی و کوردسـتانیش بەشـێکن لـەم جیهانـە، جیاوازییەکی زۆر بەدی دەکرێت له نێوان باکوور و باشووردا، ئەم جیاوازییەش زۆربەی بوارەکانی ژیـان دەگرێتـەوە، لـه ڕووی ئابوورییـەوە بـاکوور بـەردەوام لـه گەشـە و بەرەوپێشچووندایە، تەنانەت بە جۆرێکی لێهاتووە که باس لە ئابووری دەکرێت وێنـەی رۆژئـاوا دێتـه پـێش چـاو، لەبەرامبەریشـدا ئەگـەر گەشـەیەکی ئـابووریی هـەبێت لـه باشووردا، ئەوا له بەرامبـەر کێبڕکێی کۆمپانیا و بازاڕەکانی ئەواندا شکستی پێدەدرێت و ناهێڵن گەشـە بکـات، نموونـەشمان شکسـتپێهێنانی ئـابووریی باشووری رۆژهـەلاتی ئاسیا بوو لە سالّی (۱۹۹۷)، ئەویش بە پلانـی سـەرمایەدارێکی ئـەمریکایی بە نـاوی

____

[10] السيد ياسين، إعادة إقتراع السياسة من الحداثة الى العولمة، الهيئة المصرية العامة للكتاب، ط۱، ۲۰۰٦ القاهرة، ص۱۵۲.

(سوروس)، کە ئەمەش بووە هۆی شکستی پرۆژە ئابوورییەکانیان و لە گۆڕینانی خەونی پلێنگەکانی تامیل، لە هەمان کاتدا ئێستا پلانێکی بەرچاو هەیە بۆ شکستپێهێنانی ئابووری وڵاتانی ئەفریقی و ئەمریکای لاتین، کە ئەمەش بووەتە هۆی زۆربوونی برسێتی و هەژاری و نەخۆشی و پیسبوونی ژینگە و نائارامی سیاسی لەم وڵاتانەدا، ئەم هەوڵە نوێیانەی رۆژئاوا لە کۆتاییەکانی سەدەی رابردووەوە بەروونی دەبینرێن، ئەویش بە مەبەستی زاڵکردنی هەژموونی رۆژئاوا بەسەر هەموو لایەنەکانی تری ژیانی گەلانی ناڕۆژئاوایی، بە تایبەتیش لە رووی کولتوورییەوە کە پەیوەستە بە هەموو لا یەنەکانی ترەوە، بەتایبەتیش ئابووری و سەروەری نیشتمانی کە بە تایبەتمەندیی کولتووری تەعبیری لێ دەکرێت، لێرەوە دەبینین کە پرۆژەیەکی گەردوونی هەیە بووەتە سەرچاوەی بەرهەمهێنان، بەتایبەتی لە بواری کولتووردا، لەبەرامبەریشدا دەبێت گەلانی رۆژئاوایی بەرهەمهێنەر بن لە بواری کولتووردا، وەک هەموو بوارەکانی تر.

(پرۆژەی کولتووری رۆژئاوایی، ئێستا بووەتە ستراتیژیەتی کولتووری بەجیهانیبوون، تەنانەت بوارەکانی تری بەجیهانیکردن لە هەموو لایەنەکانی سیاسی و ئابووری و بازرگانی، ئێستا لە خزمەت پرۆژە کولتوورییەکەیدان، لەبەر ئەوەش کە ئەم پرۆژەیە خاوەنی ئیمکانیەتێکی بەهێزە، یەکەم مەترسییە بۆ رووبەروبوونەوەی کولتووری عەرەبی و ئیسلامیی بە هەموو دامودەزگا و پرۆژەکانیەوە)[11].

هەندێک لە نووسەران برِوایان وایە کە بەجیهانیبوون لە گەشەیەکی بەردەوامدایە و گۆڕانی بەردەوامیش دروست دەکات، کە هەموو لایەنەکانی بەها و ئەخلاق و سلوک دەگرێتەوە لە هەڵسوکەوتی رۆژانەدا، بەتایبەتیش بۆ ئەوەی بەپێی جیهانبینی ئەمریکی پەروەردەیان بکات و کولتووری ئەمریکایی بکات بە کولتووری گەنجانی ئەمرۆ لە سەرتاسەری جیهاندا، ئەمەش کاریگەریی لەسەر ئەوە دروست دەکات کە

____

۱۱ محمد محفوظ، الحضور والمثاقفة، ص۱۱٤.

سەرکردایەتی ئەم وڵاتانە دەکەوێتە دەستیان و بەڕێوەی دەبەن، واتە ئەمریکا لە ئێستاوە دەیەوێت نەوەیەك ڕابەڕایەتی ئەم وڵاتانە بکات، کە ئەمریکاییانە بیربکەنەوە.

بەڵام لەلایەکی ترەوە بۆچوونێکی تر هەیە کە ئەویش گەشەکردنی بزاڤێکی نوێیە لە گەنجان کە بەرەو ڕووی بەجیهانیبوون دەوەستنەوە، بەتایبەتیش لە زانکۆ و پەیمانگا ئیسلامییەکان، ئەمەش شتێکی ئاشکرایە، هەر لێرەشەوە هەست بە زیندووبوونەوەیەکی کولتوور و شوناس دەکەین، بەڵام لێرەدا دەبێت ئەوەش بڵێین کە ئەم بزاڤەش بزاڤێکی تۆکمە و داڕژاو و خاوەنی ستراتیژیەت نییە. لەم ڕووەوە دەتوانین بڵێین، ئەو بێبەرنامەییە لە بەرامبەر کولتووری بەجیهانیبووندا بەشێک لە گەنجان بەرەو توندڕەوی و ناعەقڵانی بردووە، ڕاستە ئێستا کاردانەوە هەیە، بەڵام پێویستە ئەو کاردانەوەیە بە ئامانج بێت و بەبێ پرۆژەیەکی پەرەپێدان نەبێت، واتە دەبێت گەنج خاوەنی ستراتیژیەتێکی نوێ بێت، بۆ ئەوەی کولتوورێکی نوێ بنیات بنێین، واتە لەلایەك پارێزگاری لە شوناس بکرێت، لەلایەکی تریشەوە لەگەڵ ڕەوتە جیهانییەکەدا دابڕان دروست نەبێت و تەکنەلۆژیا و بوارەکانی پەیوەندی دابڕاو نەبێت لە گەنجانی ئەم وڵاتانە.

لێرەوە دەبێت بزانین کە شوناس و تایبەتمەندیی کولتووری، مانای داخران بەسەر خۆدا و چەسپاوی و نەگۆڕان و دوور لە پێشکەوتن ناگەیەنێت، چونکە ئەگەر ئێمە بەو شێوەیە بیربکەینەوە تەنها بەرەو دواکەوتوویی و هەڵوەرین و مردن دەچین. شوناس گیانێکی چەسپاو و نەگۆڕ و هەمیشەیی ناگەیەنێت، واتە شتێك بێت کە شایەنی گۆڕان نەبێت، یان وا بیربکەینەوە کە ئێمە ئەمەمان لە پێشینەکانمان وەرگرتووە و نابێت بیگۆڕین و دەبێت بە ئەمانەتەوە بیکەین بە ئاكاری خۆمان بێ گۆڕان و دەستکارییکردن، ئێمە ئەگەر بمانەوێت ئەوەش ئەنجام بدەین، ناتوانین، چونکە گۆڕان شتێکە بەری پێ ناگیرێت، لەبەر ئەوە پێویستە بزانین چۆن مامەڵە لەگەڵ گۆڕاندا دەکەین، چونکە ئەوە باشترە نەك بەسەرماندا بسەپێنرێت و ئێمەش لێی

____

^{١٢} ابراهيم جاد‌الله، الثقافة العربية بين الخصوصية والكونية: (www. rezgar.com).

لێرەوە ڕۆڵی گرنگی ڕۆشنبیر دەردەکەوێت، کە دەبێت ڕابەرایەتی گەلەکەی بکات، بۆ ئەوەی هۆشیارییەکی مەدەنی بە تاکەکان ببەخشێت، بۆ ئەوەی بتوانن لە گۆڕانکارییە نوێیەکان تێبگەن و عەقڵانیەت ڕۆڵ ببینێت لە شێوازی مامەڵەکردن لەگەڵ بەجیهانیبوون و ڕەهەندەکانی، بەتایبەتی لە بواری کولتووریدا، لەم ڕووەشەوە پێویستە ڕۆشنبیر لەسەر هەردوو ئاستی ناوەوە و دەرەوە کار بکات و بتوانێت بە شێوەیەکی واقیعی خوێندنەوەی نوێیان بۆ بکات و ئاڕاستەیەکی نوێ بە بیرکردنەوەی تاک بدات، لەلایەك لە داخران و پەراوێزبوون و بێئاگایی بیپارێزێت، لەلایەکی تریشەوە بتوانێت شوناس گەشە پێبدات و وێنەیەکی نوێ و پێشکەوتووی بۆ دروست بکات.

(ڕۆشنبیر پێویستە سەرەتا بە ڕەخنەگرتن لەخۆوە دەست پێبکات، واتە سەرەتا لەگەڵ خۆیدا گفتوگۆ بکات لە بەخۆنازین و لە مێژوو ژیاندا ڕزگاری بکات و بە عەقڵێکی ڕەخنەگرانەوە کولتوور و مێژووی خۆی بخوێنێتەوە، بەڵام دەبێت سەرەتا بەو ئامانجە دەست پێبکات کە دەیەوێت ڕیفۆرم لە کولتووردا بکات، نەك هەرەسی پێ بدا و لەباری بەرێت. واتە لە دەسەڵاتی دروشمەوە ڕزگاری بکات بۆ بەدیلێکی مەعقول، چونکە خود سەرچاوەی ئازادییە و هەر ئەویشە سەرچاوەی قەیرانەکان)[13].

بەپێی بۆچوونی موحەممەد مەحفوز (پێویستە لەگەڵ هەرەشەکانی بەجیهانیبووندا بە هۆشیاری و شارستانییەوە مامەڵە بکەین و ئالیەتەکانی لە ژیانی خۆماندا پڕبکەینەوە. بۆ ئەوەی بە مەرجی ژیانەوە هەنگاو بنێین، ئەویش بۆ دووربوون لە چوارچێوەی تەقلیدیی بەرتەسك و پەراوێزبوون و شوێنکەوتەیی سەرشۆڕانە)[14]، هەموو گەل و نەتەوەیەك مافی ئەوەی هەیە کە خاوەنی پڕۆژەیەکی شارستانیی سەربەخۆی خۆی بێت و بە شێوەیەکی ڕاستگۆیانە تەعبیر بکات لە شوناس و تایبەتمەندیی بیروڕاکانی، ئەوە شتێکی عەقڵانی نییە کە داوا لە گەلێك لە گەلان بکەین

---

[13] إدريس هاني، العرب والغرب، ص٨٦.

[14] محمد محفوظ، الاسلام والغرب وحوار المستقبل، ص٩٤.

که دەبێت پرۆژە شارستانییەکەی کۆپی گەلێکی تر بێت [15]، ئەمرۆ لەسەر ئاستێکی دیار دەبینین که فیکری ناسیۆنالیستی لەسەر بنەمای شوناس تەعبیری لێدەکرێت، واتە تێپەڕاندنی ئایدیۆلۆژیای ناسیۆنالیزم بەرەو شوناسێک که ئاین و شارستانیەت تەعبیری لێدەکات، ئەمەش بە ئاشکرا لە خەباتی گەلە مسوڵمانەکانی ئەوروپای ڕۆژهەڵات و کۆمارەکانی یەکیەتی سۆڤیەت و هیندستان و باشووری ڕۆژهەڵاتی ئاسیا و تەنانەت گەلانی مسوڵمان لە ڕۆژهەڵاتی ناوەڕاستدا دەبینرێت. دوو ئەزموونی ئێرانی و تورکیش نموونەی بەرچاون، که جارێکی تر دەیانەوێت، ناسیۆنالیزم بە وێنەی شوناسێکی نوێ ڕەنگ بکەن، که ئەویش جەختکردنەوەیە لەسەر مسوڵمانبوون و شارستانیەتی ئیسلامیی، پاشان تورکبوون و فارسبوون. لە سەردەمی بەجیهانیکردندا پاراستنی شوناس و بانگەشە بۆ فیکری نەتەوەیی و پاشکۆ نەبوون لە بواری کولتووردا، ئەو گوتارە نوێیەیە، که لەسەر ئاستێکی فراوان گەلان و نەتەوەکان تەعبیری لێ دەکەن، تەنانەت لەناو وڵاتانی ئەوروپاشدا ئەم گوتارە هەیە، فەرەنسییەکان هەتا ئێستاش شانازی بە شوناسی فەرەنسیبوونی خۆیانەوە دەکەن، ئەمەش ڕیشەیەکی مێژووی هەیە لای ئەوان، هەروەها ئیتاڵییەکان و یۆنانییەکان و ڕەگەزە جیاوازەکانی تر که یەکێتی ئەوروپایان پێکهێناوە، هەمان ڕۆڵ دەبینن، بەڵام ئەگەر سەرنج بدەین سەرکردەکانی یەکێتی ئەوروپا ئێستا هەوڵی خۆیان پڕکردووەتەوە و لەسەر دروستکردتی شوناسێکی ئەوروپی کاردەکەن، ئەویش بە مەبەستی یەکگرتنی ئاڵاستە جیاوازەکان و بە هاوشێوازە جیاوازەکانی ژیان لەلای گەلانی ئەوروپا، هەر بەم هۆیەشەوە جەنگێک دروست بووە لە نێوان ئەوانەی که نایانەوێت واز لە شوناسی ڕەسەنی خۆیان بهێنن و ئەوانەش که دەیانەوێت ڕوو لە ئاینده بکەن، ئەوان لە هەوڵی ئەوەدان که شوناسێکی ئەوروپی بەکۆمەڵ دروست بکەن، که ئەوەش چالاک و کاریگەر دەبێت بۆ کارلێک لەگەڵ شوناسە بە کۆمەڵەکانی تر، که لە ئەنجامی یەکگرتنی یەکێتییە هەرێمییەکان، یان بۆ بەرەوڕووبوونەوەی

---

[15] هەمان سەرچاوەی پێشوو، ل٩٤.

مەترسییەکانی بەجیهانیبوون دروست بوون [16]. ئەزموونی یابانییەکانیش لە پاراستنی شوناس و تایبەتمەندیی کولتووری هەوڵێکی سەرکەوتوو و بەرچاوە، کە گەلێک بتوانێت لە ئاستێکی پێشکەوتنی جیهانیدا بێت و کێبڕکێ لەگەڵ گەورەترین زلهێزی جیهاندا بکات، بەڵام لە هەمان کاتدا پارێزگاری لە شوناس و کولتووری خۆی بکات و لە ناو کولتووری ئەوانی تردا نەتوێتەوە.

کتێبی (ئایا یابانییەکان ڕۆژئاوایین)، کە لە ساڵی ١٩٩١ چاپ کراوە، باس لە شێوازی مامەڵەی یابانییەکان لەگەڵ ئەوی تردا دەکات، یابانییەکان سەرەتا شتەکان و فیکرە ڕۆژئاواییەکان وەردەگرن و دەیخەنە ناو کۆمەڵی خۆیان، پاشان هەرس دەکرێت و قبوڵ دەکرێت، لە دواییشدا دەیگۆڕن بۆ ماددەیەکی یابانی. [17] ئێمەش بە سەرنجدان لە ئەو ئەزموونە سەرکەوتووەی جیهان، دەتوانین کولتوورێکی نوێ بنیات بنێین کە هەنگاو هەڵبگرین لەگەڵ پێشکەوتنەکانی جیهان، ئەمەش پێویستی بە گرووپێکی پێشکەوتوو و ڕۆشنبیر و تەکنۆکرات هەیە کە ڕابەرایەتی بکەن، بۆ ئەم مەبەستەش ئەمە ببێتە هۆشیارییەک لە دامودەزگا ستراتیژی و سیاسییەکان و زانکۆکان بۆ ئەوەی ئەم هەوڵ و بۆچوونانە ڕەنگڕێژی شوناسی نەتەوەیی بکرێن. هەتا نەتەوە شانازی بە کولتوور و شارستانیەتی خۆیەوە بکات و لە ناخی هەر تاکێکدا ئیرادەیەکی بەهێز دروست ببێت کە بەرگری لە بوونی سەربەخۆیی بکات و لە کولتووری ئەوانی تردا نەتوێنەوە و بتوانن بە شێوەیەکی زانستی و عەقڵانی مامەڵە لەگەڵ پێشکەوتنەکان و بەجیهانیووندا بکەن، لەسەر ئاستێکی دیار بتوانێت کولتووری خۆی بەرەوپێش ببات و بۆ ئەم مەبەستەش نەوەی نوێی لەسەر پەروەردە بکات، بەتایبەتی لە بواری پەروەردەدا لەسەر ئاستی تاک و کۆمەڵ، لەم ڕێگەیەشەوە بە دارشتنی پڕۆژەیەکی ستراتیژی ئاڕاستەکانی گەشەپێدانی مرۆیی دیاری بکرێت و نیشتمانێکی سەربەخۆ و گەلێکی ئازاد و نەتەوەیەکی پێشکەوتووخواز بنیات بنرێت.

---

[16] السید یاسین، إعادة إقتراع السیاسة من الحداثة الی العولمة... سەرچاوەی پێشوو، ل١٥٤.

[17] محمد محفوظ، الاسلام والغرب وحوار المستقبل، سەرچاوەی پێشوو، ص٩٥.

عومەر عەلى موحەممەد

<h2 style="text-align:center">بەشی دووەم :</h2>
<h2 style="text-align:center">شوناسی نەتەوەیی و سێبەری بەجیهانیبوون</h2>

شوناسی کولتووری و شارستانیی هەر نەتەوەیەك، شتێکی چەسپاو و نەگۆڕە و بەشێك لە جەوهەری کۆمەڵێك سیمای گشتی، کە لە کولتوور و شارستانیەتێکی تر جیای دەکاتەوە، بەمەش کەسایەتی نیشتمانی نەتەوەیەك لە کەسایەتی نیشتمانی و نەتەوەیی یەکێکی تر جیا دەکاتەوە، لێرەوە پەیوەندییەکی ڕاستەوخۆی شوناس بە کولتووروە هەیە .

کولتوور بەرهەمی چالاکییە عەقڵییەکانی تاکە، لەبەر ئەوە هەر نەتەوەیەك بەپێی ژینگەی تایبەتی خۆی کولتوورێکی دیاریکراوی هەیە، هەر لەبەر ئەوەیە ئاستی پێشکەوتنی کولتوورەکان جیاوازە و شارستانیەتی جیاواز بەرهەم دەهێنێت، هەر لێرەوە زانستە جۆربەجۆرەکان لە بوارەکانی مرۆیی و هونەری و تەکنەلۆژیی بەرهەم دێن، واتە عەقڵیەتی تاک بەرهەمهێنەری کولتوورە، دواجاریش ئەوە دەبێتە بەشێك لە شوناسی ئەو نەتەوەیە و هەر ئەویشە ئاستی پێشکەوتن و دواکەوتن دیاری دەکات، لەو کولتوورەشدا دەتوانین ئاستی بیرکردنەوە و ئامانجەکانی و شێوازی گەشەی کۆمەڵایەتی و ئابووری و سیاسی و ڕۆشنبیریی دیاری بکەین، ئەمەش ئەگەر توێژینەوەی زانستی ورد بکەین، لە چاخە جۆربەجۆرەکاندا دەتوانین شوناسی هەر نەتەوەیەك دیاری بکەین، کە ئەویش بەرهەمی ئاستی گەشەی فیکری و عەقڵییە لەلای هەر نەتەوەیەك، کە بۆ ئەمەش ئایین و دەسەڵاتی سیاسی و ئایدیۆلۆژیای باو لەهەر سەردەمێکدا ڕۆڵیان هەیە لە بنیاتنانیدا.

شوناسی هەر نەتەوەیەك بە پێی گۆڕانی زەمەن دەگۆڕێت و وێنەیەکی تر وەردەگرێت، پاراستنیشی پێویستی بە ڕێوشوێنی تایبەتی هەیە و پێویستی بە نوێبوونەوە هەیە، کە جیاوازە لە شێوازی سەردەمە ڕابردووەکان.

ئەمرۆش کە سەردەمی بەجیهانیبوونە، شوناسی نەتەوەکان تووشی کۆمەڵێك مەترسی و بەرەوڕووبوونەوەی نوێ دەبن کە جیاوازن لە سەردەمەکانی پێشوو، لەبەر ئەوە ئەگەر هەر نەتەوەیەك دەیەوێت بە زیندوویی بمێنێتەوە و پارێزگاری لە سیما نەتەوەییەکانی بکات لەبەردەم شەپۆلەکانی بەجیهانیبووندا، پێویستی بە کۆمەڵێ گۆڕانکاری هەیە و بە ئالیەتی زەمەنە ڕابردووەکان بەڕێوە ناچێت، بەڵام لەهەمان کاتیشدا دابڕاو نەبێت لەو کولتوورە مێژووییەی کە تەعبیر لە شارستانیەت و ئاین و ژینگە جوگرافییەکەی دەکات، نەتەوە جیاوازەکان پێویستیان بەوە هەیە کە پارێزگاری لە سەربەخۆبوونی خۆیان بکەن و خۆیان بپارێزن لە توانەوە و لاسایی و پەراوێزبوون.

ڕەهەندەکانی چەمکی شوناس:

لە سەردەمی بەجیهانیبووندا، ماناکانی ناسیۆنالیزم و پاراستنی چەمکی نەتەوایەتی گۆڕانیان بەسەردا هاتووە و ناتوانرێت لە ڕێگەی کۆمەڵێك ئەفسانەی مێژووریی و سەرکردە کاریزمەکانی دریژە بە ژیانی سیاسی و کۆمەڵایەتی و ڕۆشنبیریی نەتەوە بدرێت. بەڵکو ئەمرۆ نەتەوە تێکەڵ بە کۆمەڵێك گۆڕانکاریی دنیای نوێ دەبێت و دەبێت نەتەوەش لە ڕێگەی بنیاتنانی شوناسێکی نوێوە بتوانێت خۆی وێنا بکات. پەیوەندیی نێوان شوناس و نەتەوە بە دیاریکردنی کولتوور و ئاین و شارستانیەت دیاری دەکرێت.

ئەگەر بگەڕێینەوە بۆ چەمکی شوناس، دەبینین سەرەتا لە ڕێگەی نووسینەکانی فەیلەسوف و مێژوونووسی ئەڵمانی (فلهم دەلتای) لە ساڵانی (١٨٣٢– ١٩١١) سەری هەڵداوە، ماکس ڤیبەر لە (١٨/٤/١٩٢٠)دا دابەشی دەکات بۆ دوو ئاست کە "دەلتای" پێی دەڵێت وێنەیەکی گەردوونی، کە دەبێتە بنمایەکی چەسپاو بۆ بیروباوەڕ و ئەو

هۆکارانەی که ڕۆڵیان هەیە لە بنیاتنانی جیهانێکی واقیعی تیۆری که لە ژێر ڕۆشنایی ئەمەدا دەتوانین بگەینە بۆچوونە شەفافەکان لەسەر بوونەوەر و بوون[١٨].

شوناس تەنها شتێکی ڕوالەتی نییە، هەتا هەر هێزێکی سیاسی بتوانێت بە ئارەزووی خۆی وێنای بکات، بەڵکو وێنەیەکە بۆ پێکەوەبەستنی ئێستا و ڕابردووی نەتەوەیەك، که بە شێوەیەکی گشتی سێ شتی جەوهەری لەخۆ دەگرێت:

یەکەم: جیهانبینینی نەتەوەیەك بۆ بوون.

دووەم: ئەو زمانەی که نەتەوە تەعبیری پێدەکات.

سێیەم: کەلەپووری کولتووری مێژوویی[١٩].

ئەو وێنەیە که نەتەوە بۆ خۆی دروستی دەکات، دەبێت لە ڕێگەی شوناسەوە تەعبیری لێبکات، که ڕەنگدانەوەی کۆمەڵێك سیمای جیاوازە لە بواری کۆمەڵایەتی و کولتووریی، که هەر نەتەوەیەك لە ماوەیەکی مێژوویی دیاریکراودا هەیەتی و لەو ماوەیەدا هەژموونی خۆی بەسەردا دەدات[٢٠].

شوناس ئەو شفرەیەیە که تاك دەتوانێت کەسایەتی خۆی پێ دابپێژێت و پەیوەندیی خۆی بە کۆمەڵگەوە دیاری بکات، لەم ڕێگەیەشەوە بەرامبەرەکانی دەتوانن بیناسنەوە و پێناسەی تایبەتی بۆ دابنێن، بەمەش جۆرێك لە پەیوەستبوون بە کۆمەڵگەوە ڕوودەدات که دەتوانرێت لە ڕێگەی ناسیۆنالیزمەوە تەعبیری لێبکرێت.

شوناسیش لە ڕوویەکی ترەوە دابەش دەکرێت بۆ دوو ئاستی تر.

١. شوناسی بەکۆمەڵ:

لەم ڕێگەیەوە تاکەکان خۆیان پەیوەست دەکەن بە کۆمەڵێك تایبەتمەندییەوە، بەمەش ئاستی جۆربەجۆر لە شوناس لە ناو کۆمەڵگەکەدا دەردەکەوێت، که دەبێت

---

[١٨] هاني نسيرة، مفهوم الهوية بين الثبات والتحول، ٢٠٠٧/١/١: http:www.islamonline.net.

[١٩] محمود سمير المنير، العولمة و عالم بلا هوية، مصر، دار الكلمة للنشر، المصورة، ط ٢٠٠٠م، ص١٤٦.

[٢٠] جمال طاهر، الهوية الثقافية والعالم الاسلامي، قضايا دولية، العدد: ٢٢٧، ٨/مايو/١٩٩٩، ص٣.

پارتێکی سیاسی، یان گرووپێکی مەزهەبی، یان رێکخراوێکی مەدەنی تەعبیری لێبکات.

٢. شوناسی خۆیی تاک:

کە ئەویش دەکەوێتە ژێر کاریگەری شوناسی کۆمەڵگەوە و ئیلهام و ئینتیمای لێ وەردەگرێت و پابەند دەبێت دەبێت بە رەهەندی ئایینی و جیهانبینی و کولتوورییەوە.

لەم رێگەیەشەوە دەتوانین بڵێین کە بوونی کەناڵی ئازاد و دیموکراسی زۆر گرنگە بۆ گەشەی شوناسی تاک و کۆمەڵ، چونکە هەتا گفتوگۆ و پەیڤینی زیاتر لەگەڵ نەتەوە و گەلانی شارستانیەتەکانی تر زیاتر بکرێت، هەڵە و ناتەواوی و کەموکورییەکان زیاتر هەست پێدەکرێن، لەلایەکی تریشەوە لایەنە گەشەکردوو و رۆشنەکانی نەتەوە زیاتر بەدەر دەکەون، لێرەشەوە بزاڤێکی چاکسازیی شوناس و بەرەوپێشبردن و گەشەپێدانی سەرهەڵدەدات.

چونکە شوناس لە هەر قۆناغێکی مێژووییدا دەکەوێتە ژێر کاریگەری ئەو زەمەنەی کە تێیدا دەژی و هیچ شوناسێک نییە کە دابراو بێت لە ژینگە و دەوروبەر و بە تەنها بتوانێت درێژە بە مانەوەی خۆی بدات. (زۆر لە پسپۆڕان لەو باوەڕەدان کە شوناسی تاکەکەس پەیوەستە بە تاک لە رووی هەست و سۆز و بۆچوونە تایبەتییەکانی خۆیەوە، زۆر لە تیۆریسان ئەوەیان رەت نەکردووەتەوە کە دانبنێن بە شوناسی بە کۆمەڵ، بەڵام لەهەمان کاتدا، هەریەکەیان بە جیای دەبینن لەوی تر، هەر لەم روانگەیەوە شوناس بەوە پێناسە دەکەن کە بریتییە لە جیاکەرەوەکانی هەست و سۆزی تاک کە شێوازی کەسایەتی دیاری دەکات، بەمەش تاک دەبێتە کائینێکی سەربەخۆ)[٢١].

ئەگەر سەیری شوناسی کوردی بکەین، دەبینین کە بە پلەی یەکەم پەیوەستە بە تایبەتمەندییەکانی گەلی کورد، کە جیای دەکاتەوە لە نەتەوەکانی تر، واتە کۆمەڵێک بنەمای چەسپاو هەن کە سیمای تایبەتی نەتەوەیی بۆ کورد دادەرێژن، هەر ئەوەش

---

٢١ أحمد طول محمدي، جهاني شدن فرهنگ، هويت، تهران انتشارات نشوني، ١٣٨٢، ل٢٢٢.

ئه‌و کۆمه‌ڵگه‌یه دروست ده‌کات که پێی ده‌ڵێن نه‌ته‌وه‌ی کورد، هه‌ر تاکێکی کۆمه‌ڵگه‌ی کوردیش، که هه‌ست ده‌کات خاوه‌ن شوناسێکه، زۆرتر هه‌وڵ ده‌دات رۆڵی هه‌بێت له کۆمه‌ڵگه‌دا و زۆرتر شانازی ده‌کات به نه‌ته‌وه‌که‌ی خۆیه‌وه، له‌هه‌مان کاتدا له هه‌وڵی ئه‌وه‌دایه، که وێنه‌یه‌کی جوانتری بۆ دروست بکات له‌به‌رده‌م نه‌ته‌وه‌کانی تردا، شوناسی تاک ره‌نگدانه‌وه‌ی ئه‌و ژینگه‌یه‌یه که تێیدا ده‌ژی، له‌به‌ر ئه‌وه ئه‌گه‌ر نه‌ته‌وه‌یه‌ک بیه‌وێت شوناسێکی پێشکه‌وتوو بنیات بنێت، ده‌بێت له هه‌وڵی چاکسازیی ژینگه‌که‌ی خۆیدا بێت له رووی سیاسی و ئابووری و کۆمه‌ڵایه‌تی و رۆشنبیرییه‌وه.

ئه‌گه‌ر سه‌یری کۆمه‌ڵگه‌ی کوردیی بکه‌ین، سه‌ره‌تا له تاکه‌وه پاشان بۆ سنووری کۆمه‌ڵگه، ده‌بینین که سیما و وێنه‌یه‌کی تایبه‌تمان نییه بۆ شوناس، به‌تایبه‌تیش له‌لای تاک جۆره ئاڵۆزییه‌ك هه‌یه که ناتوانێت ته‌عبیر له جیهانبینینی خۆی بکات به باشی له رووی ئایینی و شارستانییه‌وه، به‌مه‌ش ئێنتیما لای تاکی کورد ناتوانرێت له وێنه‌یه‌کدا ببینرێت، به‌ڵکو دابه‌ش بووه بۆ سه‌ر کۆمه‌ڵێك ئاستی جیاواز، به‌مه‌ش تاکی کورد له‌یه‌ك جۆر ئێنتیماوه چووه‌ته بازنه‌ی کۆمه‌ڵه ئێنتیمایه‌که‌وه، گرووپه‌کانیشی نه‌یانتوانیوه ته‌عبیر له شوناسێکی ده‌سته‌جه‌معیی به‌کۆمه‌ڵ بکه‌ن، به‌ڵکو هه‌رییه‌که‌یان هه‌ڵگری شوناسێکه که ته‌عبیر له ئایدیۆلۆژیا و په‌یوه‌ندییه سیاسییه‌کانی ده‌کات، ئه‌مه‌ش بووه‌ته هۆی ئه‌وه‌ی که بڵێت له ده‌ره‌وه باس له شوناسی نه‌ته‌وه‌یی ده‌کرێت، به‌ڵام له واقیعدا چه‌ند جۆرێك له شوناس هه‌یه که زۆربه‌یان دژی ئه‌وی ترن و کار له‌سه‌ر لاوازکردنی یه‌کتر ده‌که‌ن، به‌مه‌ش شوناسه نه‌ته‌وه‌ییه‌که له‌به‌رده‌م لاوازبوون و پارچه‌بووندایه، پرۆژه‌یه‌کی گشتی نییه بۆ سه‌رخستنی و ستراتیژیه‌تێکی نه‌ته‌وه‌یی نییه له کۆکردنه‌وه‌یان، ئه‌مه‌ش مه‌ترسییه‌که بۆ ئاینده که کورد وه‌ك نه‌ته‌وه نه‌توانێت ته‌عبیر له شوناسێکی یه‌کگرتوو بکات، واته کورد له ناوخۆدا پرۆژه‌یه‌کی نییه بۆ یه‌کگرتنه‌وه له‌سه‌ر بنه‌مای خاڵه نه‌ته‌وه‌ییه‌کان و ده‌بێته هۆی لاوازکردنی ئێنتیما و شوناسی نیشتمانی و نه‌ته‌وه‌یی، چونکه کاتێك که تۆ شوناسێکی دیاریکراوت نییه، ناتوانی له به‌رامبه‌ر ئه‌وانی تردا پێناسی خۆت بکه‌یت، یان له به‌رده‌م شه‌پۆله‌کانی

بەجیهانیبووندا خۆت بگریت، بەمەش بەدەم هەر رەشەبایەکی دەرەوەی خۆت دەبیتە
ئەو دەنکە لمەی کە گڵەی باکان بەرەو هەر شوێنێک بیانەوێت، دەتبەن.

ئەگەر سەیری هەر بوونەوەرێکی زیندوو بکەین، دەبینین سەر بە جۆرێک، بە
درێژایی مێژوو پارێزگاری لە مانەوەی جۆرەکەی خۆی دەکات و ناگۆرێت، ئەمەش
بەرپەرچی گۆرانەکانی تیۆری پەرەسەندن دەداتەوە، چونکە لە شفرەی بۆماوەیی هەر
تاکێکدا، جۆرێکی سەربەخۆ هەیە کە پارێزگاری لە مانەوەی جۆرەکەی دەکات.

زیندەوەران بە شێوەیەکی گشتی دەکەونە ژێر کاریگەریی ژینگە و دەوروبەر،
بەڵام جیناتی سەر کرۆمۆسۆمەکان پارێزگاری لە مانەوەی جۆرەکان دەکات، بەڵام لە
کۆمەڵگەی مرۆییدا جۆرێکی تر لە پەیوەندی هەیە کە پەیوەستە بە فیکر و گۆرانی
ئیراده و کولتوور و بنیاتنانی شارستانیەت. پێشکەوتنەکانی ئێستای جیهان،
کاریگەریی راستەوخۆیان هەیە لەسەر جارێکی تر دیاریکردنی پێگەی نەتەوە لەسەر
ئاستێکی جیهانی، چونکە ئێستا جیهان وەک گوندێکی لێهاتووە و لەم گوندەشدا
هەموو نەتەوەکان ناتوانن بمێننەوە.

بە درێژایی مێژوو دەیان نەتەوەی جیاواز هەبوون کە توانەوە و نەماون، لەم
سەدە نوێیەشدا پرۆسەی توانەوەی نەتەوەکان بە خێراییەکی زۆرتر روودەدات،
چونکە کەم نەتەوە هەن بتوانن لەبەردەم ئالیەت و سیستم و کولتووری نوێی جیهاندا
خۆیان بگرن، کە لە راستیدا ئەویش لە جەوهەردا هەڵگری کولتووری نەتەوەیەکی ترە
کە خۆی لە شوناسی رۆژئاواییبوون و ئەمریکاییبووندا دەبینێتەوە.

بەجیهانیبوون لە کۆمەڵێک رەهەندی جۆربەجۆرەوە کاریگەریی لەسەر شوناسی
تاکی کورد هەیە، کە ئەویش سیاسی و ئابووری و کۆمەڵایەتی و رۆشنبرییە، لەبەر
ئەوەی کە کورد هەتا ئێستاش کۆمەڵێک داموده‌زگای چەسپاوی نییە لەم بوارانەدا،
ئەوا زۆرتر دەکەوێتە ژێر کاریگەریی رەهەنده نوێیەکانی بەجیهانیبوون و کەمتر
دەتوانێت بەرگری بکات و هێڵەکانی بەرگری بەهێز بکات.

ئاڵۆزی و شپرزیی شوناسی کۆمه‌ڵگه‌ی کوردی وایلێکردووه که ته‌نانه‌ت به‌رامبه‌ره‌کانیش دان نه‌نێن به بوونێکی سه‌ربه‌خۆیدا، هه‌ر ئه‌وه‌شه که ته‌نانه‌ت له ئه‌مڕۆی عێراقی نوێشدا، به‌رامبه‌ره‌کان زۆر به ناڕه‌حه‌ت ده‌توانن ته‌نانه‌ت فیدراڵیه‌تیشی پێ ڕه‌وا ببینن، چونکه هه‌ڵوێستی ئه‌وان له‌سه‌ر وێنای ئێمه دروست بووه، ئایا ئێمه تا چه‌ند یه‌ککگرتووین، خاوه‌نی چ بڕیارێکین؟ تا چه‌ند بڕیاری سیاسی هه‌ڵقولاوی ویست و ئیراده‌کانی کۆمه‌ڵگه‌یه؟ شپرزیی شوناسی سیاسیی کورد وایکردووه، که تاکی کوردیش هه‌ست به لاوازیی ئینتیما بکات و له ناو گه‌نجی کۆمه‌ڵگه‌که‌دا تویژێکی بێباك و بێ ئینتیما دروست بکات، لێره‌شه‌وه ده‌بینین که هێڵه‌کانی به‌رگری له کورد ڕۆژ به ڕۆژ لاواز ده‌بێت، چونکه شوناسی تاک وێنایه‌کی نییه و شوناسی کۆمه‌ڵیش بێ ناوه‌ڕۆك و بێ ستراتیژیه‌ته.

(له‌لایه‌کی تره‌وه شوناسی نه‌ته‌وه‌یه‌ك کاتێك لای تاکه‌کانی مانا په‌یدا ده‌کات و ده‌بێته به‌شێك له سایکۆلۆژیای تاک که ئاماده‌ی قوربانیدان بێت، ئه‌و کاته‌یه که ئه‌و شوناسه ره‌نگدانه‌وه‌ی هه‌بێت له‌سه‌ر باری گوزه‌ران و ژیان و باشترکردن و ره‌هه‌نده‌کانی ژیانی له ڕووی ماددی و مه‌عنه‌وییه‌وه و له‌م ڕێگه‌یه‌وه تاک بتوانێت په‌یوه‌ست بێت به‌م شوناسه‌ی که هه‌یه‌تی)[22].

له‌به‌رئه‌وه هه‌ر به‌کارهێنانێکی خراپی ده‌سه‌لات و ئه‌نجامدانی گه‌نده‌ڵی کاریگه‌ریی راسته‌وخۆی هه‌یه له‌سه‌ر ئینتیمای تاک، چونکه تاک کاتێك نیشتیمانی خۆی خۆش ده‌وێت که ئه‌و نیشتیمانه ببێته لانکه‌یه‌کی ئارام و خۆشگوزه‌رانی و به ئازادیی خۆی بتوانێت ته‌عبیر له بیروڕاکانی بکات، لێره‌وه ده‌بینین که شوناس له رژێمه تاکڕه‌وه‌کاندا شتێکی سه‌پێنراوه و ته‌نها ڕووکه‌ش و ڕۆتینێکی ده‌ره‌وه‌ی ده‌سه‌لاتی سیاسییه، که به‌رده‌وام به ناوی گه‌له‌وه قسه ده‌کات بۆ ئه‌وه‌ی هێز بۆ خۆی په‌یدا بکات و به ده‌سه‌لاتێکی به‌هێز ده‌ربکه‌وێت، بۆ ئه‌م مه‌به‌سته‌ش په‌نا ده‌باته به‌ر دروستکردنی سوپای به‌هێز و داموده‌زگای ئه‌منی جۆربه‌جۆر و پشتبه‌ستن

---

22 محمد محفوظ، الاسلام والغرب وحوار المستقبل، المركز الثقافي العربي، بيروت ١٩٨٨، ص١٥٠.

به‌ سیخوریی، به‌ڵام له‌ کاتی ته‌نگانه‌ و به‌ره‌ووبوونه‌وه‌ی جه‌نگ و پشێوییدا هه‌ست ده‌کات ئه‌و ئینتیمایه‌ چه‌ند دوور بووه‌ له‌ راستی و ئه‌وانه‌ش که‌ له‌گه‌ڵی بوون ته‌نها یان له‌به‌ر به‌رژه‌وه‌ندیی بووه‌، یان له‌ ترسدا بووه‌، هه‌ره‌سی رژێمه‌ یه‌ک له‌دوای یه‌که‌کانی ئه‌وروپای رۆژهه‌ڵات له‌ کۆتاییه‌کانی سه‌ده‌ی رابردوو، رژێمی به‌عسیش له‌ عێراق له‌ سه‌ره‌تای ئه‌م سه‌ده‌یه‌دا و هه‌ره‌سی رژێمه‌کانی لیبیا و میسر و تونس شایه‌تی ئه‌و راستییه‌ن، به‌ڵام به‌ پێچه‌وانه‌وه‌ له‌ وڵاته‌ دیموکراسییه‌کاندا له‌جیاتی په‌نابردن بۆ ترس و هێز، هاوووڵاتی به‌شداریی پێده‌کرێت له‌ ده‌سه‌ڵاتی سیاسی و راستگۆییانه‌ مامه‌ڵه‌ی له‌گه‌ڵدا ده‌کرێت و له‌ هه‌مان کاتدا گوزه‌رانێکی باشی بۆ دابین ده‌کرێت، به‌مه‌ش وا له‌ هاوووڵاتی ده‌کرێت که‌ نیشتیمانی خۆی خۆشبوێت و رێز له‌ یاسا بگرێت و به‌ راستگۆیانه‌ خزمه‌تی داموده‌زگاکانی حکومه‌ت بکات، لێره‌شه‌وه‌ ده‌بینین تاک پیرۆزییه‌ك ده‌دا به‌ کۆمه‌ڵێك مانا و ره‌مزی نه‌ته‌وه‌یی و نیشتیمانی، به‌ڵام نه‌ك به‌ شێوه‌یه‌کی ئه‌فسانه‌یی وه‌ک له‌ پێناسه‌ ته‌قلیدییه‌که‌ی ناسیۆنالیزمدا باس ده‌کرێت، به‌ڵکو ئه‌مرۆ ئه‌و ره‌مزانه‌ کاتێك رێزیان ده‌بێت که‌ شه‌فاف و راستگۆ و خزمه‌تگوزار بن.

به‌پێچه‌وانه‌وه‌ سه‌رکرده‌ گه‌نده‌ڵ و خیانه‌تکار و دووپووه‌کان ده‌که‌ونه‌ به‌ر نه‌شته‌ری ره‌خنه‌ی راگه‌یاندن و کۆمه‌ڵگه‌ی مه‌ده‌نی و هاوووڵاتیان به‌گشتی، به‌مه‌ش رێگه‌یه‌ك بۆ به‌پیرۆزگرتنی سه‌رکرده‌ی کاریزمی ته‌قلیدیی نامێنێته‌وه‌. ئه‌گه‌ر سه‌رنجیش بده‌ین ئه‌مرۆ نووسینه‌وه‌ی مێژوو به‌ جۆرێکی تره‌ که‌ ناچێت ته‌نها باسی لایه‌نه‌ ئیجابییه‌کان و سه‌رکه‌وتنه‌کان بکات، به‌ڵکو زۆرتر ده‌گه‌رێن به‌ شوێن سلبیات و لایه‌نه‌ ناته‌واوه‌کانی، بۆ ئه‌وه‌ی نه‌وه‌ی نوێ که‌ڵک له‌ هه‌ڵه‌کانی وه‌ربگرێت و جارێکی تر دووباره‌ نه‌بێته‌وه‌، لێره‌شه‌وه‌ شارستانیه‌ت و ئایین و به‌ها باڵاکان وێنه‌یه‌کی تر دروست ده‌که‌ن، ئه‌مه‌ش جیاوازییه‌کی گه‌وره‌یه‌ له‌ نێوان ده‌سه‌ڵات له‌ رۆژهه‌ڵات و رۆژئاوادا، چونکه‌ له‌لای ئێمه‌ ده‌سه‌ڵات ده‌یه‌وێت، شوناسێکی ده‌ستکردی رووکه‌ش دروست بکات، که‌ په‌یوه‌ستی ده‌کاته‌وه‌ به‌ سیاسه‌تی رۆژانه‌ی حیزبی ده‌سه‌ڵاتدار و رۆڵێك بۆ بنه‌ما جه‌وهه‌ررییه‌کان ناهێڵێته‌وه‌، له‌ ئایین و شارستانیه‌ت و کولتوور که‌

بەشداریی دروستکردنی ئەو شوناسە بکەن، لەبەر ئەوە تاک لە کۆمەلگە باشوورییەکاندا، بەردەوام جۆرێک لە بێزاری و رقلێبوونەوەی پێوە دیارە بە تایبەتی لەلای گەنجان و دەیانەوێت لەم شوناسە رزگاریان بێت و بەردەوام وای لە قەڵەم دەدەن کە ئەوان لە زیندانێکی گەورەدا دەژین، هەر ئەمەشە هۆکاری ئەوەی گەنجان بەپۆل روو لە رۆژئاوا دەکەن و ئەوێ بە شوێنی بەدیهاتنی خەونەکانیان دەزانن، لێرەوە تاک ناتوانێت پێناسەی خۆی بکات و بەرامبەرەکانی بناسێت، بەڵکو تاکێکی شکستخواردووە و بەردەوام دەیەوێت ئەم بەرگی لاوازییە فرێ بدات و خۆی بداتە پاڵ بەهێزەکان.

گەنج لەمجۆرە کۆمەڵگەیانەدا خاوەنی سایکۆلۆژیایەکی تێکشکاوە لەبەرامبەر ئەوانی تردا و خۆی بەکەم دەزانێت، ئەمەش دەچێتە هەموو بوارەکانەوە لە سیاسی و ئابووری و کۆمەڵایەتی و رۆشنبیری وەک "فرانس فانون" دەڵێت هەموو رەشپێستێک خەو بەوەوە دەبینێت کە رۆژێک لە رۆژان پێستی سپی بووایە، هەر لەبەر ئەم هەستی خۆبەکەمزانینەیە کە تاک هەست دەکات ئەوان هەموو شتێکن و ئەمان هیچ، ئەوان پێشکەوتووخواز و ئەمان دواکەوتوون.

کاتێک تاک هەست ناکات خاوەنی شوناسێکە، ناتوانێت بە رۆشنی سەیری ئاینده بکات و ئێستاشی بە جوانی تێبگات، لەبەرئەوە لەم کۆمەڵگەیانەدا دەبینین بەردەوام ئاڵۆزی هەیە، نارەزایی هەیە، داوای فراوانکردنی سنوورەکانی ئازادی و دیموکراسی هەیە، داوای باشکردنی گوزەران و شەفافیەت لە خەرجیی داراییدا هەیە.

بنەماکانی شوناس:

لە راستیدا شوناس لەسەر کۆمەڵێک بنەمای گرنگ دادەمەزرێت، کە هەموویان بە یەکەوە دەتوانن پێناسێک بۆ تاک دروست بکەن، لەوانەش:

١ـ زمانی نیشتیمانی و شێوەزارە لۆکاڵییەکان کە پەیوەستن بە زیندووراگرتنی نەتەوە و گەشەپێدانی لە ئایندەدا، ئەویش لە رێگەی بەکارهێنانی بە شێوەیەکی

زانستی لە پڕۆگرامەکانی خوێندن لە قۆناغە جۆربەجۆرەکاندا، هەروەها لە حکومەتدا لە بواری کارگێڕی و دادوەری و لەهەمان کاتدا پەیوەندییەکانی نێوان تاکەکانی کۆمەڵگەدا، دەبێت لە رێگەی شێوەزارێکی سەرەکییەوە نەتەوە بە یەکەوە گرێ بدرێت.

٢ـ بەها ئاینی و نیشتیمانییەکان بە درێژایی مێژوو: کە ئەمەش شوناسێک بۆ نەتەوە دروست دەکات و دەیپارێزێت لە توانەوە لە ناو گەلانی تردا، هەروەها لەم رێگەیەشەوە بەرگرییەکی باش دەدات بە گەل لە بەرامبەر هەر هەوڵێکی توانەوەدا و پارێزگاری لە تایبەتمەندییە نەتەوەییەکان دەکات.

٣ـ ترادسیۆن و کەلەپووری نەتەوە پارێزگاری لە بەها باڵاکانی نەتەوە دەکات، کە ئەمەش رەنگدانەوەی ئاستی سیاسی و ئابووری و کۆمەڵایەتیی نەتەوەیەکە لە رابردوودا.

٤ـ مێژووی خەباتی نەتەوەیی کە لەپێناو پاراستنی نیشتیمان و کەرامەتی نەتەوە و بەها باڵاکانیدا ئەنجامی داوە، بۆ پاراستنی سەربەخۆیی و ئازادیی و تایبەتمەندییەکانی [23].

شوناسی کولتووری بریتییە لە تۆڕێکی چنراو و پێکەوەگرێدانی جیهانی ئایین و زمان و مەعریفە و بەرهەمەکانی نەتەوە، لە رووی هونەر و ئەدەب و کەلەپوور و بەهاکان و ترادسیۆن و ئەخلاق و مێژوو و ویژدانی نەتەوە، هەروەها پێوەرەکانی عەقڵ و سلوک، هەر نەتەوەیەک خاوەنی جۆرێکی تایبەتە لەو بەهایانە و بەمەش لە نەتەوەیەکی تر جیادەکرێتەوە.

ئەم رەگەزانەش بە چەسپاوی نامێننەوە، بەڵکو بەردەوام لە جوڵە و گۆڕاندان و وەک پرۆژەیەک بۆ ئێستا و ئاینده دەردەکەون، ئەم چەمکانە کاریان تێدەکرێت و پێی کاریگەر دەبن، هەروەک رێژەیەکی باش لە کولتووری مرۆیی هاوبەش دروست دەبێت

---

[23] محمد الحنفي، الهوية والعولمة: www.makarabat com.

لە ئەنجامی پەیڤین و تێکەڵبوونی کولتوور و نەتەوە جیاوازەکان، بەمەش هەر کولتوورە ڕیزێکی تایبەت لای تاک دروست دەکات و هەوڵی پاراستنی دەدات[٢٤].

هەندێک لە بیرمەندان وای دەبینن کە تایبەتمەندی و شوناس بە شێوەیەکی گشتی لە شتە گۆڕاوەکانە، زۆرجاریش بە چەمکێکی ئایدۆلۆژیی لە قەڵەم دەدەن، لەبەرئەوە دەشێت شوناس بخرێتە قاڵبی جۆربەجۆرەوە، ئەم چەمکەش گۆڕانی بەسەردا دێت بەپێی شێوازی بەکارهێنان و گرنگیپێدان، شوناس لەلایەنی ئایینی و نیشتیمانی و نەتەوەییەوە زۆر بەکاردێت، ئەمەش دەگۆڕێت بەپێی ئەو باکگراوەندە ئایدۆلۆژییەی کە پێی دەدرێت، لەبەر ئەوە ئێمە گۆڕان زۆر دەبینین لە شوناسی کۆمەڵگەکان، لەهەمان کاتدا سیاسەت زۆرترین کاریگەری لە سەر ئەم چەمکە هەیە، لەبەر ئەم هۆکارەشە زۆر کەس پێی وایە شوناس چەمکێکی سیاسییە و لە ململانێ سیاسییەکاندا دەردەکەوێت.

"بایار" لەو بڕوایەدایە کە شوناس لە ئەوپەڕیدا کە پێی دەوترێت (شوناسی ڕەسەن) ناتوانێت لە چوارچێوەی سیاسەت دەربچێت، چونکە (پەیوەندییەکی ئاڵۆز هەیە لە نێوان دیدە کولتوورییەکان و پراکتیککردنی سیاسەت و شێوازی بزواندنی خەیاڵدانی خەڵک لە بزاڤی سیاسی و خەیاڵی سیاسی)دا.

بایار دەربارەی جەنگەکانی ئەم دواییەی یوگۆسلاڤیا و قەفقاز و جەزائیر و ناوچەی دەریاچە گەورەکان لە ئەفریقیا، دەڵێت: (ئەم ناکۆکییانە لەسەر شوناس ڕووییانداوە، ئەم لایەنانە هێزی لەناوبەری خۆی لەوەوە وەردەگرێت کە شوناس و کولتووری ئەم لەبەرامبەریدا شوناسێکی سیاسی هەیە کە فۆرمێکی وەهمی وەرگرتووە بۆ لەناوبردن، لە ڕاستیدا هەر دوو شوناسە ناکۆکەکە شێوازێکە کولتووری سیاسی ئایدۆلۆژیای بەخۆوە گرتووە کە ڕیشەیەکی مێژوویی هەیە، لەبەر ئەوە شوناسێکی ئاسایی نییە کە بارودۆخ فەرزی بکات)[٢٥].

---

[٢٤] خلف بشير، سؤال الهوية وصدمّة العولمة: www.wanarab.com.

[٢٥] جان فرانسوا بایار، أوهام الهوية، ترجمة: حليم طوسون، دار العالم الثالث، القاهرة، ١٩٩٨، ص٧.

لەم ڕوانگەیەوە دەتوانین بڵێین وێنەیەکی دیاریکراو نییە بۆ شوناس، بەڵکو شوناس بنیاد دەنرێت، ئەویش وێناکەی دەگۆڕێت، بەپێی گۆڕانی ناکۆکییەکان و دەوڵەتەکان و ئایدۆلۆژیای بااڵدەست بەسەر دەوڵەتدا، ئەگەر ناکۆکی و ململانێکان لە فۆرمێکی نەتەوەیی و نیشتیمانی بوون ئەوا شوناسی نیشتیمانی و نەتەوەیی دەردەکەوێت و گەشە دەکات، ئەگەر ناکۆکییەکان ئایینی بوون ئەوا شوناسی ئایینی خۆی نمایش دەکات، ئەمەش بە ئاشکرا دەبینرێت لەو ناکۆکییانەی کە لەم ناوچەیەدا ڕوویانداوە بەتایبەت لە کۆتاییەکانی سەدەی بیست و سەرەتای ئەم سەدەیەدا و لە ناکۆکی نێوان عەرەب و ئیسرائیلدا بە ڕوونی بەرجەستە بووە.

بەاڵم لەلایەکی تریشەوە نابێت شوناس دابڕاو بێت بۆ فۆرمێکی تایبەتی، بەڵکو دەبێت تیایدا ڕێز لە ئیرادە و ویست و ئایینی لایەنە جیاوازەکان بگیرێت، بەتایبەتی لە زەمەنی بەجیهانیبووندا. واتە نابێت شوناس جێگەی ئایدیۆلۆژیا هەرەسکردووەکان بگرێتەوە کە تەعبیر لە بۆچوونێکی سیاسیی بەرتەسک بکات، بەڵکو دەبێت لە ئاستێکدا بێت کە هەموو چین و توێژەکانی کۆمەڵگە بگرێتەوە و هەر لایەک بە جۆرێک لە جۆرەکان خۆی بە خاوەنی بزانێت، چونکە دواجار دەسەاڵت پێویستی بەوە دەبێت کە هەمووال ڕێزی لێبگرن و بەرگری لێبکەن و ئاماده بن خزمەتی بکەن لە هەردوو لایەنی مەدەنی و شۆڕشگێڕییەوە، بۆ ئەوەی ئەو شوناسە نیشتیمانێکی هەبێت و هەڵگری سیماکانی نەتەوەیەک بێت کە زمانێک تەعبیری لێبکات.

(ئەریک دوبان) نووسەر و ڕۆژنامەنووسی فەرەنسی لە کتێبەکەیدا (هیستریا یان شوناس) جەخت دەکاتەوە لەسەر ئەوەی کە هەزارەی سێهەم سەرەتاکەی بە جۆرێک لە نایەکسانی دەستی پێکرد لە نێوان هەژاران و دەوڵەمەنداندا، بەڵکو لە نێوان تاکەکانی هەر گەل و کۆمەڵگەیەکدا، ئەمەش لە دوای سەدەیەک بانگەشەکردن هات بۆ یەکسانی و ڕەخساندنی هەلی گونجاو بۆ هەموو لایەک لە ژێر سایەی ئایدیۆلۆژیای کۆمۆنیزم و ڕژێمی سۆسیالیستیدا، بەاڵم کاتێک کە ئەو بۆچوونانە ڕاستگۆیی خۆیان لە زەمینەی واقعیدا لە دەست دا، لەهەمان کاتدا فیکرەی یەکسانی ڕەها بە نۆڕی لە

واقعیدا پاشاکشەی کرد، لە بەرامبەر ئەمەدا نەزعەیەکی تر سەرییهەڵدا کە ئەویش (جیاوازییه لە ئەوانی تر) لەم ڕوانگەیەشەوە ئێمە دەتوانین ئەم پرسیارە بکەین:

ئایا بەجیهانیبوون دەتوانێت لە ماوەیەکی مامناوەند و دووردا شوناسەکانی تر بخاتە ناوخۆی و هەرەسیان پێ بهێنێت؟ ئەگەر ئەمە ڕوو بدات بە چ شێوازێک دەبێت؟ بە چ هۆکارێک دەبێت؟ ئەگەر سەیر بکەین لە ڕووی ئابووریيەوە توانیویەوە ئابووریيەکەیان هەڵبووەشێنێت و بەتاڵی بکاتەوە لە هەموو ئەو بنەما بەهێزانەی کە کار لەسەر مانەوەیان دەکات، لەهەمان کاتدا توانیویەتی مەرج و شێوازی بازاڕی خۆیان بەسەردا بسەپێنێت و ڕازییان بکات.

لە لایەکی تریشەوە (ئەریك) جەخت دەکاتەوە لەسەر ئەوەی کە کێشەکانی ئینتیما و شوناس لە هەندێك وڵاتدا بوونەتە هۆی سەرهەڵدانی ناکۆکی و جەنگی گەورە و هەزاران کەس بەهۆیەوە گیانیان لە دەستداوە.

شوناس، لە ڕوویەکەوە ئەگەر لەسەر بنەمایەکی مرۆڤدۆستی و فراوان و لێبوورده دانەمەزرێت، ئەوا وێنەیەکی ئایدیۆلۆژی لەخۆ دەگرێت و دەبێتە سەرچاوەی کوشتار و توندوتیژی، وەك ئەوەی لە ئەورووپای ڕۆژهەڵات و بۆسنه و هەرسك و ناکۆکییەکانی بەلقاندا بینرا و ئێستاش لە فەلەستیندا دەبینرێت.

هەروەها لە دوای ڕژێمی بەعس لە عێراقدا، توندوتیژییه تائیفی و مەزهەبییەکان بوونه هۆی گیانلەدەستدانی سەدان هەزار کەس، بەمەش بانگەشه بۆ پاراستنی شوناسی مەزهەبی زیاتر ناکۆکییەکانی خوێناوی کرد، لێرەوە ئەو شوناسه بەرتەسکه سیاسی و حیزبییانه، نەك چارەی ئەو جۆرە کێشانه ناکەن، بەڵکو زیاتر کێشەکان ئاڵۆزتر دەکەن و ڕێگەیەك بۆ پێکەوەژیان ناهێڵنەوە، ئەمەش گرفتێکی گەورەی شوناس و پاراستنیەتی، ئەگەر لەسەر بنەمایەکی لێبوورده و ئازادی و داننان نەبێت بە بوونی مافەکانی بەرامبەر لە هەموو ڕووەکانی سیاسی و ئابووری و کولتوورییەوە، ئەمەش جێگرەوەی هەمان ئایدیۆلۆژیای ناکۆکی سەرمایەداری و سۆسیالیستییه، بەڵام لە قاڵبێکی تردا، جێگرتنەوەی شوناس بە ئایدیۆلۆژیا مەترسییه لەسەر گەلانی

ئەم ناوچەیە، چونکە زیاتر گرژی و ئاڵۆزییە نەتەوەییەکان زیاد دەکات، هەریەکەیان پەنا دەباتە بەر ئایدیۆلۆژیا مەزهەبی و نەتەوەییەکان و دەیکاتە بەشێك لە شوناسی خۆی، لەبەر ئەوە گۆڕان بەرەو چاکسازی و پێکەوەژیان و چەسپاندنی دیموکراسی روونادات، ئەگەر مەزهەب و نەتەوەیەك بکەونە شوێن شوناسی ئینتما بچووکەکان، تەنانەت ناتوانن هێزەکانی هەرێمێکی بچووکیش تیایدا بەیەکەوە بژین و سەرئەنجام شەڕ و کوشتار و شەڕی ناوخۆی کاولکاری لێدەکەوێتەوە، هەر هێزێکی سیاسی لەم ناکۆکییانەدا شەرعیەت دەدا بە خۆی و خۆی دەکات بە پارێزەری شوناسی نەتەوە، کەواتە بە جۆرێك لە جۆرەکان تاکرەوی و سرینەوەی جیاوازی و لەناوبردنی بەرامبەرەکان بەردەوام دەبێت و قوربانییەکانیشی زۆر زیاد دەکات.

لە سەردەمی بەجیهانیبووندا، جۆرێکی تر لە بەرەوپووبوونەوە روودەدات بەتایبەتی لە بەرامبەر شوناسدا، ئەمەش گرفتێکە لە جیهانی ئیسلامییدا، کە ئەویش شێوازی مامەڵەیە لەگەڵ کۆمەڵگەی زانیارییدا، ئایا کێ دەیەوێت، هۆکارەکانی چین؟ کاریگەری لەسەر لایەنە جیاوازەکانی شوناس چییە؟ لێرەوە شوناسی نەتەوەیی بە چەمکە تەقلیدییەکەی دەکەوێتە ژێر پرسیار و ناتوانێت وەڵامدەرەوەی هۆکار و پێکهێنەرەکانی شوناسی نوێ بێت، کە دەبێت لە چوارچێوەی زانست و پێداویستییەکانی شۆرشی زانیارییدا خۆی دابرێژێتەوە، هەتا ئێستاش لە جیهانی ئیسلامییدا زۆربەی عەقڵی رۆشنبیران و نووسەران و رۆژنامەنووسان، تەنانەت سیاسییەکانیشی سەرقاڵی کێشەی رەسەنایەتی و مۆدێرنیزمن، دەیان ساڵە هێزش و ململانێیەکی توند لە نێوان ئەم دوو بەرەیە هەیە، تەیاری رەسەن بەرامبەرەکان بە عەلمانی و غەریبزەدەیی ناواقیعی لەقەڵەم دەدەن، مۆدێرنیزمەکانیش بەرەکەی تر بە کۆنەخواز و توندرەو و مێشک بەستوو ناوزەد دەکەن، ئەم جەنگە بێمانایە کۆمەڵگەی دابەش کردووە بە دوو بەرەوە کە هەر یەکەیان خەڵکی رەشۆکی و ساده تەیار دەکات بە بوغز و رق و نۆرجاریش کە بوار دەرەخسێت، دەبێتە جەنگێکی خوێناویی، بەتایبەتیش ئەگەر یەکێك لەم دوو لایەنە لە دەسەڵاتدا بن، ئەوا بەرەی دەرەوەی

دەسەڵات دەکاتە قوربانی و دەرگای زیندانەکانی بۆ دەکاتەوە و بە جۆرەھا شێواز
دەیەوێت بنەبڕی بکات، بەمەش دیموکراسیەت مانایەکی نامێنێت و پەراوێزێک
نامێنێتەوە بۆ ئازادی و لەم فەزا سیاسییە ئاڵۆزەدا جیاوازییەکان دەکوژرێن، ھەر لە
رۆژھەڵاتدا ئەزموونێکی تر ھەیە، بۆ بنیاتنانی شوناسێک کە تێکەڵە لەگەڵ شۆڕشی
زانیاری و لە ھەمان کاتدا رەمزێکە بۆ پاراستنی ئینتیمای نەتەوە و ئایین و نیشتمان،
ئەویش ئەزموونی ژاپۆنە، کە ئەزموونێکی رۆژھەڵاتییە، ھەروەھا ئەزموونی
چینییەکانیش لەم رووەوە ئەزموونێکی سەرکەوتووە، جیھانی ئیسلامیش بە ھەموو
نەتەوە مسوڵمانەکانەوە دەتوانێت لە چوارچێوەی شوناسە ئایینی و نەتەوەییەکەیدا
بچێتەوە و لەسەر بنەمایەکی فراوانتر سەر لەنوێ بە لەبەرچاوگرتنی پێشکەوتنە
زانستییەکان و بەتایبەتش لەسەر بنەمایەکی مرۆیی و شارستانی بنیات بنێتەوە کە
مانایەک ببەخشێت بە ئازادی و قبوڵکردنی بەرامبەر و جیاوازیی، ھەتا کۆمەڵگە لەسەر
ئەو دوو رەوتە دابەش بکرێت نە دیموکراسی مانایەکی دەبێت و نە دەتوانرێت
ئەزموونێکی جوان لە بەرامبەر ئەزموونە دیموکراسییە رۆژئاواییەکەدا بنیات بنرێت،
چونکە ئەوەی ئەمرۆ لە جیھانی ئیسلامییدا پێی دەڵێن شوناس، تەنھا بەشێکە لە
عورف و کولتوورێکی تەقلیدی کە باکگراوەندە بە بوغز و کورتبینی و قەبووڵنەکردنی
بەرامبەر لەلایەک و لەلایەکی تریش نوخبەیەکی تر بە عەقڵێکی پەراوێز و شوێنکەوتە و
تەقلیدگەریی رۆژئاوا کار دەکەن، کە خۆیان دارنیوە لە ھەموو عەقڵ و ئیراده و
پێشکەوتن و شارستانیەت و بەھایەکی مرۆیی، وا دەزانن کە تەنھا ھۆکاری
پێشکەوتنی ئێمە ئەوەیە، بچینە سەر شوناسی ئەوان و واز لە ئینتیمای خۆمان بھێنین
و بچینە ناو شارستانیەتی ئەوان و ببینە قەرەجێک لەبەردەم دەرگاکانی ئەواندا،
کۆمەڵگەکانی ژاپۆن و چین، نموونەی کۆمەڵگەی ژمارەیی و زانیاریین، رۆڵێکی
گەورەیان ھەیە لە بواری پەیوەندییەکان و تەکنۆلۆژیادا، بەڵام لەھەمان کاتدا ئەم
پێشکەوتنە کاریگەری نەبووە بۆ سەر شوناسی ژاپۆنیبوون یان چینیبوون، بەڵکو
زیاتر ئەو پێگەیەی بەھێز کردووە، تاک ھەست بە بوونێکی زیاتری نوێ دەکات و

ئێستا دەتوانێت پێناسەی خۆی بکات لە بەرامبەر ئەوی تردا بەتایبەتی رۆژئاوادا، لێرەوە هیچ جیاوازییەك دروست نەبووە لە نێوان ترادسیۆن و مۆدێرنیزمدا، بەڵکو پرۆژەیەکی نیشتمانی گەورە هەیە کە هەموو جیاوازییەکان لەخۆ دەگرێت و لەو ئاستە فراوانەدا هەر تاکێك تەعبیر لە شوناسە نیشتمانی و ئاینی و نەتەوەییەکەی دەکات، واتە کۆمەڵگەی دابەش نەکردووە بۆ کۆنەخواز و نوێخواز، یان عەلمانی و ئیسلامیی کە بەشێکی زۆر لە تواناکانی کۆمەڵگەی کوشتووە و بەردەوام لە بازنەی ململانێیەکی بێمانادا دەخولێتەوە، کە مانایەك بۆ ئازادی تاك و تایبەتمەندییەکانی ناهێڵێتەوە.

کۆمەڵگەی هیندیش بەشێکی زۆری هەمان سیمای پێوە دیارە، هەروەها وڵاتەکانی باشووری رۆژهەڵاتی ئاسیاش وەکو مالیزیا و ئەندەنووسیاش، نموونەیەکی باشن لە بنیاتنانی شوناسێکی پێشکەوتوو لەژێر سێبەری شۆڕشی زانیاری و زانسته مرۆییەکاندا کە کەشوهەوایەکی باشی بۆ پێکەوەژیان دروست کردووە، بەڵام لەم وڵاتانەی رۆژهەڵاتی ناوەڕاستدا، گرفتی بە ئایدۆلۆژیاکردنی شوناسە بچووکەکان لەئارادایە، کە زۆرتر باکگراوەندێکی سیاسی هەیە، نەك ئەو شوناسەی کە لەسەر بنەما ئاینی و نیشتمانی و نەتەوەییەکان دروست بووە.

مرۆڤ کائینێکی جوڵاوە و تێکەڵ بە ئەزموونی نوێ دەبێت لە شارستانیەت و کولتووره جیاوازەکانی، بە هۆی پێشکەوتنی بەردەوامی راگەیاندن و هۆکارەکانی پەیوەندیش کاری تێدەکرێت و دەگۆڕێت و سلوك و بۆچوون و مامەڵەی جیاواز فێر دەبێت کە جیاوازە لەوەی کە لە شوناسەکەی خۆیدا هەبووە، مرۆڤی تازه جیاوازه لە مرۆڤی سەدەکانی رابردوو، بەجیهانیبوون کاریگەری لەسەر زەوق و شێوازی مامەڵە و ڕەوشتی دروست کردووە، شۆڕشی زانیاری و هۆکانی پەیوەندی مرۆڤیان بردووەتە ناو فەزایەکی نوێی ژیان، کولتوورەکان لەیەك نزیك دەبنەوە، فەلسەفە نوێیەکان دەچنه بواری جێبەجێبوونەوە، دەکەوێتە ناو تۆڕێکی ئاڵۆز لە کولتوور و بۆچوون و فیکر و رەوشت و مامەڵەی نوێوە، لەبەر ئەوە نابێت تاك بەبێ هیچ ستراتیژیەت و بەرنامەیەك بکەوێتە نێو شەپۆلەکانی ئەم دەریا نوێیه، چونکە ئەگەر هەر کۆمەڵگەیەك یان تاکێك

بەبێ بەرچاوڕۆشنی و ئامادەکارییەکی پێشتر بچێتە ناوی، ئەوا بەرەو چارەنووسێکی نادیار دەچێت، ئەگەر ببێتە هەڵگری شوناسێکیش ئەوە شوناسی ئەو نییە و ئەو تەنها دەبێتە پەراوێز و بێ سەنگ و کەسێکی بێ ئینتیما، جۆرێکی تر لە ئینتیما دروست دەکاتەوە کە خزمەت بە ئەوانی تر دەکات.

لەم زەمەنی بەجیهانیبوونەدا، دەبێت گۆڕاو و نەگۆڕەکانی شوناس دیاری بکرێن، پاشان لە ناوخۆوە بزاڤێکی ڕێنیسانس بنیات بنرێت بۆ گەشەپێدان، لە دەرەوەش بە شێوەیەکی ئیجابی لەگەڵ بەجیهانیبووندا مامەڵە بکرێت، بۆ ئەم وێنا تازەیەی شوناسیش دەبێت نموونەیەکی میانڕەوی کە تەعبیر لە ڕێگەی سێهەم بکات، بنیات بنرێت، واتە بیپارێزێت لە توانەوە و لەهەمان کاتدا لە پێشکەوتنە بەردەوامەکانی ڕۆژئاواش دوانەکەوێت و مامەڵەی ئیجابی لەگەڵدا بکات و کەناڵەکانی پەیوەندی لەگەڵ زۆر بکات و پەیڤینێکی شارستانی دروست بکات.

شوناس و بەجیهانییبوون :

باسکردن لە شوناس لە ژێر سایەی بەجیهانیکردندا، جێگەی مشتومڕێکی زۆرە و پرسیاری زۆر دروست دەکات، چونکە پەیوەندی هەیە بە چارەنووس و دواڕۆژی کۆمەڵگەکان و ئەو کولتوورانەی کە ئێستا هەن. ئایا چارەنووسی بە کوێ دەگات لە ژێر سایەی ئەو گۆڕانکارییانەی کە ئێستا لە ئاستێکی فراوانی جیهانییدا ڕوو دەدەن، کە هەموو بوارەکانی سیاسی و ئابووری و کولتووری دەگرێتەوە، قسەکردن لە پەیوەندیی نێوان بەجیهانیبوون و شوناس، واتە دیاریکردنی پەیوەندیی نێوان بەجیهانیبوون و شوناس، دیاریکردنی ئەو پەیوەندییە چارەنووسسازەی کە بۆ گەلە ئاپۆژئاوایی یان نائەمریکییەکان دروست دەبێت.

ئایا ئەو پەیوەندییانە وەک خۆیان دەمێننەوە، یان هەرەس دەهێنن و لە ناو کولتووره جیهانییەکەدا دەتوێنەوە، کە جیهانیکردن پێشنیاری دەکات لە شێوازی جۆڕاوجۆڕدا.

(لە نێوان چەمکی شوناس و بەجیهانیکردندا پەیوەندییەکی ئاڵۆز و پڕ لە گیرەمە
و کێشە هەیە کە زۆر تایبەتە، لە جۆری سروشتی پەیوەندی لە نێوان چەمکەکان و
شتە جۆربەجۆرەکاندا دوو چەمکی یەکتر کێشکەرن و جەمسەردارن، لەهەمان کاتدا
تەواوکەری یەکتریشن، لە بازنەی ئەو جەمسەرگیری و کێشکردنەدا، چەمکی شوناس
لە زۆربەی کاتدا ڕۆڵی نێچیر و بەجیهانیکردنیش ڕۆڵی ڕاوچی دەبینێت)[٢٦].

لەم واقیعە ناهەموارەدا، شوناس دەگەڕێت لە کەنارێکی ئارام، هەتا لە ئەم
ڕاوچییە فێڵبازە ڕزگاری ببێت، کە بست بە بست بە دوای دەکەوێت و دەیەوێت
هەڵیلوشێت، لێرەوە شوناس دەیەوێت ڕزگاری بێت و نەکەوێتە داوی، بۆ ئەوەی لە
لەناوچوون و توانەوە پارێزراو بێت. بەڵام دەبێت ئەوەش بزانین، کە ڕۆژێک دێت ئەو
دوانە بەیەک دەگەن، لێرەوە دەبێت قسە لەسەر دواڕۆژی ئەو بەیەککەیشتنە بکەین کە
دەبێتە مایەی دروستبوونی پەیڤینێکی گەرم لەنێوانیاندا، کە ئەمەش ڕەهەندێکی
جیهانیی وەردەگرێت و دەبێتە کەرەستەی گفتوگۆی نوخبەی ڕۆشنبیران و بیرمەندان
و سیاسییەکان لەسەر ئاستێکی جیهانیی، هەروەها دەبێتە جێگەی مشتومڕ و لێدوان
لەسەر ئاستی هاووڵاتیانی سادەش، چونکە هەموو پەیوەندییە کۆمەڵایەتییەکان بە
خێزان و پەروەردە کاریگەر دەبێت پێی و بە جۆرێک لە جۆرەکان گۆڕانی تیا دروست
دەبێت، ئەگەر سەیری کۆمەڵگە ناڕۆژئاواییەکان بکەین، دەبینین کە ئێستا لەبارێکی
ئاڵۆزدا دەژین، چونکە دامودەزگا تەقلیدییەکان کەوتوونەتە بەر هێرشی بەجیهانیبوون
و هەوڵ دەدرێت کە ئایدۆلۆژیا و جیهانبینییەکی تر جێگەی بگرێتەوە و جۆرێک لە
نامۆبوونی تاک بەرامبەر شوناسە لۆکاڵییەکان دروست بکات.

لەبەر ئەوە دەبینین لەسەر ئاستی سایکۆلۆژیی و کولتووری و شێوازی جلوبەرگ
و خواردن گۆڕانی نەوعی دروست کردووە، کە بەشێکی شتێکی ئاساییە و بەشێک لە
سروشتی گۆڕانکاری لە ژیانی مرۆڤدا، بەڵام بەشێکی تری زاڵکردنی جۆرێک لە
جیهانبینیی ترە، کە جێگەی کولتوورە لۆکاڵییەکە دەگرێتەوە.

---

[٢٦] خلف بشیر، سؤال الهویة وصدمة العولمة.

بەشێک لە ئەو ترسەی لە کولتوورە لۆکاڵییەکاندا هەیە دەگەڕێتەوە بۆ لاوازی ڕایەڵە کۆمەڵایەتییەکان و پێکهاتەی بنەما کولتووری و زانیارییەکان، لەبەر ئەوە بەردەوام لە ترس و دڵەڕاوکێدا دەژی و توانای بەرەوپووبوونەوەی کولتوورە جیهانییەکەی نییە.

هەرچەند بنەمای کولتووری و زانیاریی کۆمەڵگەیەک لاوازبێت، ئەوەندە هەست بە مەترسی دەکات لە بەرامبەر کولتوورە جیاوازەکان و هەر ئەمەشە کە تاک بە ئاسانی هەرەس دەکات و بەرگرییەکی ئەوتۆی نییە کە خۆڕاگرێت لە بەرامبەر کولتوورە جیهانییەکەدا، (یەکێک لە گرنگترین ئەو سەرچاوانەی کە بوونەتە هۆی ئەوەی شوناس و کولتوورە جیاوازەکان هەست بە مەترسی بکەن، ترسە لەو هەژموونەی کە لە باکگراوندی فیکری و سیاسی و کولتووریی هێزە جیهانییە نوێیەکاندا هەیە، کە پانتاییەک ناهێڵنەوە بۆ ڕێز و پاراستنی بەها و ئاین و جیاوازیی، بەڵکو دەیانەوێت مرۆڤەکان بە شێوەیەکی نوێ دابڕێژنەوە بەپێی ئەو قاڵبە تازەیەی کە بۆیان دروست کردووە، کە تایبەتە بە پێوەرەکانی خۆیان، هەوڵی ئەوە دەدەن کە شوناسێکی نوێ دابڕێژنەوە کە فەرزی دەکەن بە سەر واقیعە مرۆییەکەدا، کە ئەمەش لە چوارچێوەی ڕێکەوتنێکی سەربازی و ئەمنیدایە کە پشت بە بەکارهێنانی هێز دەبەستێت)[27].

ئەمڕۆ لە جیهاندا گۆڕانکاریی گەورە دەبینین کە هەموو بوارەکانی مەعنەوی و ماددی و فیکری و ژینگەیی دەگرێتەوە. ئێستا ئێمە لەدایکبوونی جیهانێکی نوێ دەبینین، کە زانست و زانیاری و تەکنەلۆژیای نوێ ڕۆڵێکی گرنگ دەبینن، ئەم گۆڕانکارییانەش لایەنی سایکۆلۆژی و فیکری مرۆڤ دەگرێتەوە، کە تیایدا ئەو پەیوەندییەش دیاری دەکات کە بە ئەوانی ترەوە دەیان بەستێتەوە، بەتایبەتیش جیهانی ڕۆژئاوا، واتە ئێمە لێرەدا لەدایکبوونی کولتوورێکی نوێ دەبینین، ئێستا هەست دەکەین لە جیهانێکی تازەداین کە هەڵگری ئاڵای کولتوورێکی نوێیە، ئەم کولتوورە بەرهەمهێنە و گەشە دەکات و پەخش دەبێتەوە و پەیامەکەی خۆی لە

---

٢٧ عبدالعزيز عثمان التويجري، العالم الاسلامي في عصر العولمة، دار الشروق، القاهرة، ٢٠٠٤، ص٥٥.

پێشکەوتووترین هۆکانی راگەیاندندا دەگەیەنێتە هەموو جیهان، بەجیهانیکردنی کولتوور دابراو نییە لە بوارەکاتی تری بەجیهانیکردن، بەڵکو هەریەکەیان کاریگەری بۆ سەر ئەوی تریان هەیە، بەتایبەتی ئابووری کاریگەری زۆری لەسەر بوارەکانی تر هەیە، دواجار ئەو کولتووره لۆکاڵییە دەگەشێتەوە یان بەرەو پووکانەوە دەروات، چونکە ئابووری کاریگەری هەیە لەسەر کەسایەتی و گەشەپێدان، ئەمەش بە جۆرێک لە جۆرەکان کاریگەری لەسەر کولتوور هەیە، چۆنیەتی پەیوەندیی ئابووریش لە نێوان پاشکۆیی و سەربەخۆییدا چارەنووسی شوناس دیاری دەکات. واتە ئاستی گەشەی ئابووری لە هەر وڵاتێکدا کاریگەری هەیە بۆ سەر شوناسی ئەو گەلە، چونکە سیاسەتیش لە دواییدا پابەند دەبێت بە ئاستی گەشەی ئابووری و ناتوانێت لە کاریگەرییە سلبی و ئیجابییەکانی پارێزراوبێت.

بە رای دکتۆر موحەممەد عابد ئەلجابری: (بەجیهانیکردن دەبێتە مایەی سەپاندنی هەژموون و خۆبەدەستەوەدان لە میکانیکیەتی گەشەی شارستانیدا، کە ئەمەش دەبێتە هۆی لەدەستدانی هەستی ئینتیما بۆ نیشتمان و گەل و دەوڵەت.

هەروەها دەبێتە مایەی خاڵیبوونەوەی شوناسی کولتووری لە هەموو ناوەرۆکێک، بەجیهانیبوون واتە جیهانێک کە دەزگا و تۆرە جیهانییەکان رابەرایەتی دەکەن.

جیهانی (بکەرەکان) کە ئەوان خاوەن ئاراستە و دەسەڵاتن، (کارتێکراوان) کە بەکاربەری شمەک و وێنە و زانیاری و جوڵەکانن کە بە سەریاندا فەرز دەکرێت، نیشتیمانیشیان گەردوونی (زانیارییە) کە تۆرەکانی پەیوەندی دیاری دەکەن، ئەو گەردوونەی دەبێتە ئاراستەکەری ئابووری و سیاسەت و کولتوور)[28].

ئەگەر سەرنجی تیۆری ململانێی شارستانییەکانی "سمۆیل هانتینگتۆن" بدەین، دەبینین خوێندنەوەیەکە بۆ سەرهەڵدانی کۆمەڵێک ناکۆکی و ململانێ کە پاڵنەری یەکەم تیایدا شوناسە، واتە شوناس لەزەمەنی بەجیهانیبووندا دەبێتە رەگەزێکی کاریگەر لە کولتووری گەلاندا.

---

[28] د. محمد عابد الجابري، العولمة والهوية الثقافية، عشر أطروحات في كتاب (العرب والعولمة)، ص٣٠٣.

بەتایبەتی گەلە خاوەن شارستانیەت و ئاپینە گەورەکان کە وا بە ئاسانی ملکەچی ویست و هەژموونی بەجیهانیبوون نابن و ئاماده نین کە تایبەتمەندییە کولتوورییەکانیان واز لێ بهێنن و قبوولی شوناس و کولتوورێکی تر بکەن، لەبەر ئەوە ئەمڕۆ ئێمە جۆرێك لە بەرگری و کاردانەوە دەبینین، هەر چەند لە دیوێکی تریشەوە دەیان کۆنگرە و کۆنفرانسی ناوچەیی و جیهانی دەبەسترێت بۆ پەیڤین و لەیەکترگەیشتن و راگۆرینەوە.

هانتینگتۆن لە تیۆرییەکەیدا دان بەو راستییەدا دەنێت کە: "ئەمڕۆ جیهان روبەروی قەیرانێکی گشتیی شوناس بووەتەوە، هەموو گەل و نەتەوەکان دەیانەوێت وەڵامی ئەو پرسیارە بدەنەوە، ئێمە کیێن؟".

بۆ ئەم مەبەستەش دەگەڕێنەوە بۆ خۆشەویستترین شت لایان کە باپیران و ئاپین و زمان و مێژوو، ترادسیۆن و دەزگاکانیانن، هەروەها خۆیان گرد دەکەنەوە لە کۆمەڵی کولتووری، لە شێوەی هۆز و گروپی نەتەوەیی و کۆمەڵی ئاپینی، دواجاریش لە شێوەی شارستانیەتێکدا[29].

ئەمڕۆ تەعبیرکردن لە فیکری نەتەوەیی لە قاڵبی پێناسە تەقلیدییەکەیدا جیاوازە و ناگەڕێتەوە بۆ ئەفسانە و مێژوو و کاریزمای سەرکردەکان، بەڵکو زۆرتر خۆی دەداتەوە پاڵی کولتوور، لە رێگەی شوناسیشەوە، دەیەوێت وێنای سەربەخۆیی و مانەوەی نەتەوە بپارێزێت.

لە ئێستادا جۆرێك لە یەکگرتن و نزیکبوونەوە و پێکهاتنی کوتلەی جیاواز دەبینرێت، لەبەر ئەوە تەنها نەتەوەیەك بە جیا ناتوانێت لەبەردەم شاڵاوە بەتینەکانی بەجیهانیبووندا خۆی بگرێت.

یان بە نمایشکردنی چەند وێنەیەکی تەقلیدیی لە ترادسیۆن وێنایەکی نوێ بۆ خۆی دروست بکات و پارێزراو بێت لەبەردەم گۆڕانە خێرا و کتوپڕە جیهانییەکەدا،

---

[29] خميس عبداللطيف، الهوية الثقافية بين الخصوصية وخطاب العولمة الهيمني:
(www.fikrwanakd.aljabriabed.net).

بەلکو نەتەوە دەبێت لە نمایشی ترادسیۆنەوە بچێتە قۆناغی بەرهەمهێنانی کولتوور، کە ئەویش نابێت دابراوبێت لە مێژوو و کولتوور و ئایین و شارستانیەت، بەلکو دەبێت لە مێژووەوە سەرچاوە بگرێت و بچێتە ناو شارستانیەت و مەدەنیەتی نوێوە، لەلایەکی تریشەوە دەبێت شارستانیەت ببێتە بازنەی کۆکردنەوەی ئەو نەتەوانەی کە سەر بە هەمان شارستانیەتن، هەتا لەم رێگەیەوە بتوانێت هێزێکی زیاتر مەعریفی و فیکری بەخۆی بدات و بە جیهانبینییەکی بەهێزەوە بچێتە مەیدانی ململانێ، واتە لێرەوە دەبێت سەرەتا بگەرێین بە شوێن پێناسی نەتەوەدا و بە رووی ئایین و شارستانیەت و جوگرافیای زمانی خۆی دیاری بکات. پاشان لەبەرامبەر ئەوانی تردا وێنای خۆی بکات.

سەرەتا دەبێت ئێمە دان بەوەدا بنێین کە جیاوازین، ئاگاداری ئەوەش بین کە بە بەرائەتەوە سەیری ئەوانی تریش نەکەین، چونکە ئەمرۆ کولتووری باشوور بەرەوپووی هەژموونی کولتووری باکوورییەکان بووەتەوە، بەتایبەتی لە بواری ئەخلاق و بەها مرۆییەکاندا، چونکە ئەوان نایانەوێت لە ئەخلاق و بەهای گەلانی تر تێبگەن.

ئەوان نایانەوێت دان بە بوونی شارستانیێتییە جیاوازەکاندا بنێن، بەلکو بەشێوەیەکی ئەکادیمی و نەخشەبۆکێشراو لەسەر لاوازکردن و بێبایەخکردنی کولتوور و شارستانیەتەکانی تر کار دەکەن و دەیانەوێت رۆژئاوا بکەنە سەنتەری عەقلانیەت و شارستانیەت و مەدەنیەت و دیموکراسی و ئەوانی تریش بکەنە پەراوێز و پاشکۆی خۆیان، ئەم خوێندنەوانە زۆرجار نەک بۆ ئێستا، بەلکو بە مێژوودا شۆر دەبنەوە و دەگەرێنەوە بۆ فەلسەفەی یۆنان و رۆمان و هەموو شارستانییەکان بە درێژکراوەی خۆیان دەزانن، ئەمەش خوێندنەوەیەکە بەرووونی لە بۆچوون و نووسینەکانی رۆژهەلاتناساندا دەبینرێت و تەنانەت لە ئێستادا لە زۆر زانکۆ و ناوەندی ستراتیژیی رۆژئاواییدا بوونی هەیە، کە ئەمەش درێژکراوەی عەقلێکی ئیمپریالیستیی ئاینیی مێژووییە، کە خۆی لە پیرۆزکردنی خۆیدا دەبینێتەوە و لە بەشەیتانکردنی بەرامبەرەکاندا، بەلام دەبێت لەوەش بەئاگا بین، ئەگەر بەشێک لەلایەنی لاوازیی

وێناکانی شوناس و کولتوور ئه‌مه‌ بێت، به‌شێکی تری ده‌گه‌رێته‌وه‌ بۆ لاوازیی که‌ره‌سته‌ و هۆکار و بنه‌ماکانی پێکهێنه‌ شارستانییه‌ نوێکانی نه‌ته‌وه‌ له‌ دامودزگا سیاسی و ئابووری و کولتوورییه‌کان.

واته‌ له‌م بواره‌ نوێیه‌دا که‌ فراوانبوونێکی گشتی هه‌یه‌ بۆ په‌یوه‌ندی و په‌یڤین و خۆناساندن و گفتوگۆی شارستانییانه‌ و فه‌زایه‌کی ره‌خساو هه‌یه‌ بۆ خۆنواندن و خۆناساندن، به‌ڵام ناتوانێت وه‌ک پێویست بوونی خۆی بسه‌لمێنێت و وا نیشان بدات که‌ نه‌ته‌وه‌یه‌کی به‌رهه‌مهێنه‌ و ده‌توانێت عه‌قڵانیه‌ت و شارستانیه‌ت و مه‌ده‌نیه‌ت به‌رهه‌م بهێنیت.

له‌به‌ر ئه‌وه‌ رووی‌ه‌کی تری به‌جیهانیبوون رووی‌ه‌کی ئیجابییه‌، چونکه‌ له‌ رێگه‌ی ناسین و بینینی به‌رامبه‌ره‌کان، تێده‌گه‌یت که‌ تۆ چیت و له‌ چ ئاستێکی پێشکه‌وتنداین، یان ئایا ده‌توانیت له‌ رێگه‌ی په‌یوه‌ندیه‌ کولتوورییه‌کانه‌وه‌ پرۆژه‌یه‌ک بۆ گۆڕان بنیات بنێیت، چونکه‌ گۆڕانی کولتووری و کۆمه‌لایه‌تی له‌ چه‌ند رێگه‌یه‌که‌وه‌ ده‌بێت، له‌وانه‌ش:

١. وه‌رگرتنی کولتوور، وه‌ک ره‌گه‌زێکی پێشکه‌وتن له‌ کۆمه‌لگه‌کانی تر که‌ خاوه‌ن کولتوورێکی به‌هێزن.

٢. زیادکردنی ره‌گه‌زێکی کولتووری یان ریفۆرمی کولتووری له‌ رێگه‌ی داهێنان و پێشکه‌وتنی ته‌کنه‌لۆژیاوه‌.

٣. هه‌وڵدان بۆ هێنانی ره‌گه‌زی نوێی کولتووری، چونکه‌ ئه‌و پێکهێنه‌ره‌ کولتوورییانه‌ی که‌ ئێستا هه‌ن توانای مانه‌وه‌ و به‌رگرییان نییه‌ و ده‌بێت به‌شێوه‌یه‌کی نوێ دارشتنه‌وه‌یه‌کی تر بۆ کولتوور بکرێت که‌ کاریگه‌ر بێت به‌ پێشکه‌وتنه‌ جیهانییه‌ نوێیه‌که‌.

له‌به‌ر ئه‌وه‌ ده‌بێت نوخبه‌ی رۆشنبیری و سیاسیی له‌ فیکری ئه‌وه‌دا بن که‌ خۆیان پرۆژه‌ی رۆشنبیرییان هه‌بێت بۆ گۆڕان، ئه‌وه‌ش بدرێته‌ هه‌موو دامودزگاکانی حکومه‌ت و ناحکومییه‌کان به‌ تایبه‌تیش راگه‌یاندن، که‌ به‌هۆی زۆر دووباره‌بوونه‌وه‌

ببێتە سلوكێكی كۆمەڵایەتی، بەمەش دەتوانی رێگە لە توانەوەی شوناس بگری و شوناسێكی نوێ بەرهەم بهێنیت كە جێگەی رەزامەندیی تاك و گرووپە جیاوازەكانی كۆمەڵگە بێت.

كاتێك ئێمە باس لە گۆڕان دەكەین، دەبێت بزانین گۆڕانی سلبی و ئیجابی چییە؟ كاتێك كە كۆمەڵگەیەك روو لە گۆڕان دەكات بەبێ بوونی هیچ پرۆژە و بەرنامەیەكی پێشوەخت.

ئەوە بزانە كە یان كۆمەڵگە بەرەو جۆرێك لە هەرەس دەبات، یان لە شوێنێكەوە ئاراستە دەكرێت كە دواجار بە ئیجابی ناشكێتەوە، بەڵكو بەرەو ئاستێك هەنگاو دەنێت، كە رووە و پەراوێزبوون و پاشكۆیی و لەدەستدانی سەربەخۆیی دەچێت، لە هەموو بوارەكانی كولتووری و ئابووری و سیاسیی، ئێمە دەبێت كە باس لە گۆڕان دەكەین، گۆڕانێكی ئامانجداری نەخشەبۆكێشراو بێت، لەسەر بنەمایەكی مرۆیی خزمەت بە ئایندەی نیشتیمان و نەتەوە بكات. واتە پرۆژەیەك بێت بۆ بەگەڕخستنی تواناكانی تاكی كۆمەڵگە و ئاراستەیەكی ئیجابی پێبدات بۆ گەشەدان بە رەوشی سیاسی و ئابووری و كۆمەڵایەتی، ئەمەش ئەمڕۆ ناسراوە بە گەشەپێدانی مرۆیی.

دكتۆر موحەممەد حەنەفی دەڵێت: (شوناس بریتییە لە هەموو پێكهێنەرە بەهێزەكانی تایبەتمەندییە لۆكاڵییەكان لە رووی ئابووری و سیاسی و كۆمەڵایەتییەوە، كە دەشێت:

۱ـ ببێتە بەشێك لە چوارچێوەی بەجیهانیكردن، ئەویش بە حوكمی پاشكۆبوون و رازیبوون بە رێنماییەكانی دەزگا داراییە مۆنۆپۆڵە نێودەوڵەتییەكان، وەك سندوقی دراوی نێودەوڵەتی و بانكی دەولی و رێكخراوی بازرگانیی جیهانیی، كە هەموو وڵاتانی هاوكاریكراو ناچار دەكات بۆ جێبەجێكردنی مەرجەكانی لە بوارەكانی ئابووری و سیاسی و كۆمەڵایەتیدا.

٢- یان دەبێتە بەشێک لە دامودەزگا جیهانییەکان، ئەویش بەهۆی توانەوە و پابەندبوونی تەواو بە مەرجەکانیان و بە تەواوی تێکەڵبوون لەگەڵیاندا، بە جۆرێک کە هەمان چارەنووس لەخۆ دەگرێت.

٣- یان دەبێتە نێچیری بەجیهانیبوون و دەیخاتە ناو هەناوی خۆی و بەزۆر دەیتوێنێتەوە و گوێ بە هیچ ویست و ئیرادەیەکی نادات.

٤- یان دەکەوێتە ململانێ لەگەڵیدا و لە هەوڵی گەشەدان بە بەرهەڵستکارییدا دەبێت و بەرگری لە مانەوەی خۆی دەکات [30].

کولتووری رۆژئاوایی لە زەمەنی بەجیهانیبووندا، فەزایەکی ئازاد دروست ناکات بۆ کولتوورەکانی تر لەپێناو گفتوگۆ و لەیەکتری گەیشتندا، هەتا بگەرێن بە شوێن باشترین بەهای مرۆیی شارستانیدا، بەڵکو دەیەوێت کە کۆمەڵگەیەکی بەکاربەری جیهانی دروست بکات کە پێی دەڵێن (کۆمەڵگەی بازارێ گەردوونی) بۆ ئەم مەبەستەش هەموو هۆکارە تەکنەلۆژییە پێشکەوتووەکان لە بیستراو و بینراو و نووسراو بەکاردەهێنێت، کار لەسەر بەهاکانی کۆمەڵگە ناڕۆژئاواییەکان دەکات لە رێگەی گەردوونەوە، نەک لە رێگەی گفتوگۆ و کۆنفرانسەکان، لەم رێگەیەوە رۆژئاوا تەکنەلۆژیای نوێ ئیستغلال دەکات، بۆ کێشانی وێنەی شوناسی داهاتوو، لەمجۆرە بۆچوونەشدا هەموو تایبەتمەندییە ئاینی و زمان و کولتووری و نەتەوەیی و هۆزایەتییەکان دەخاتە ژێر هەژموونی خۆی و سنووردارییان دەکات و ملکەچ دەکرێن بۆ ئاڵیەتی بازار و بەکاربردن و سەرمایە.

شێوازی کاردانەوە و هەڵوێستی نەتەوە جیاوازەکان بەرامبەر بەجیهانیکردن دەگۆرێت، بەپێی باری پێشکەوتنی سیاسی و ئابووری و کۆمەڵایەتی، بەتایبەتیش شێوازی بەشداری و ئاستی پەیوەندییە جیهانییەکان لە تەکنەلۆژیا و ناوەندەکانی ئەکادیمی و راگەیاندن و ئاستی گەشەی ئابووریی.

---

[30] د. محمد حنفي، الهوية والعولمة.

نەتەوەی کوردیش وەك بەشێك لە نەتەوە رۆژهەڵاتییەکان و مسوڵمانەکان، کەوتۆتە ژێر کاریگەریی بەجیهانییکردن، بەڵام ئەگەر سەرنج بدەین ئاستی کارلێکردنەکە خێرا و کتوپڕ و هەمەلایەنەیە، چونکە لەلایەك کورد خاوەنی دەوڵەت نییە، کە ئەمەش جۆرێك لە نارۆشنیی بەرنامە ستراتیژییەکانی دەخاتە ڕوو، لەلایەکی تر دەرگاکانی بێ سانسۆر ئاوەڵایە لەبەردەم کۆمپانیا و راگەیاندن و ڕێکخراوە سیاسی و ئەمنییەکانی رۆژئاوا، کە ئەمەش جۆرێك لە مەترسی بۆ ئاینده دروست دەکات، چونکە گۆڕان لە کوردستاندا بە بەرنامە نییە و دواجار ناچێتە خزمەت شوناسی کوردبوون و کوردستانیبوونەوە.

ئەم کاریگەرییە تایبەت نییە تەنها بە گەلە مسوڵمانە رۆژهەڵاتییەکان، بەڵکو گەلە رۆژهەڵاتییە نامسوڵمانەکانیش کە لە بازنەی رۆژئاواییەکاندا هەڵسوکەوت دەکەن، وەك ژاپۆن و کۆریای باشوور و تەنانەت چینیش، جۆرێك لە بێزارییان پێوە دیارە لەبەردەم شاڵاوی کولتووری رۆژئاوادا، بۆ نموونه لەو لێکۆڵینەوە مەیدانییانەی کراوە بۆ زانینی کاریگەریی بەرنامەکانی تەلەفزیۆنی ئەمریکی لەسەر گەنجەکانی کۆریای باشوور کە (Morgan kanga) پێی هەستاوە، ئەنجامەکانی ئەم توێژینەوە ئەوە ڕادەگەیەنن کە تەلەفزیۆن و فلیمە ئەمریکییەکان کاریگەریی نزریان دروستکردووە لەسەر گەنجە کۆرییەکان.

ئێستا کچە گەنجە کۆرییەکان هەست دەکەن زۆرتر خۆیان بە ئازاد دەزانن و کەمتر پابەندی بەها ئەخلاقی و خێزانییەکان دەبن و پێیان وایە کە مومارەسەکردنی سێکس بەبێ دروستکردنی خێزان و شووکردن شتێکی ئاساییە و مایەی نەنگی نییە، ئەمەش بە بەشێك لە ئازادییەکانی سێکس دەزانن، ئێستا کچەکان جلوبەرگ و مۆدێلی ئەمریکی دەپۆشن و رقیانە لە بیروباوەڕی کۆنفشیۆسی [31].

---

[31] د. عمار طالبي، العولمة وأثرها على السلوكيات والاخلاق، مجلة الرائد، تصدر عن الدار الاسلامية للإعلام، العدد: ٢٣٦، مايو ٢٠٠٠، ص١١.

ئەم ترسە نەك هەر رۆژهەڵاتییەکانی گرتۆتەوە، بەڵکو ئێستا هەندێك وڵاتی گەورەی ئەوروپی وەك فەرەنسا کە خاوەنی شارستانیەتێکی مێژوویی خۆیەتی و لە ئێستاشدا یەکێکە لە وڵاتە زلهێزەکانی ئابووری و سیاسی و لە هەمان کاتدا وڵاتێکی مەسیحییە، بەڵام بەهۆی جیاوازیی زمانەکەیەوە ئێستا یەکێکە لەو وڵاتە رۆژئاواییانەی کە زۆرترین نیگەرانی دەردەبرن لەئاست بەجیهانیکردنی کولتوور و هەژموونی زمانی ئینگلیزیی، لە بەرامبەر ئەمەشدا ترس دایگرتووە لە ئایندەی شوناسی فەرەنسی، لەبەر ئەوە فەرەنسییەکان شوناسی فەرەنسی دەخەنە خانەی شتە تایبەتییەکان، چونکە ئەوان لەو بڕوایەدان کە هێزی بەرهەمهێنانی کولتووری ئەمریکی بەپێی بەرنامەیەکی قۆناغدار دەبێتە هۆی دروستکردنی گۆڕانکاری لە پێوەر و ئەخلاق و شێوازی ژیانی تاکەکانی کۆمەڵگە [٣٢].

هەروەها توێژینەوەیەکی تر هەیە لە ئوسترالیا کە ئەویش وڵاتێکی رۆژئاوایی مەسیحییە و بە زمانی ئینگلیزیش قسە دەکەن، واتە هەڵگری هەمان شوناسی ئەمریکاییە لە رووی زمان و ئایین و شارستانیەتەوە، نیگەرانە لە کاریگەرییەکانی بەرنامەکانی تەلەفزیۆنی ئەمریکی لەسەر منالانی ئوسترالیا، چونکە دەبێتە هۆی نەمانی ئینتیما و قەیرانی ئەخلاقی و نامۆیی کولتووریی [٣٣].

هەروەها کەنەدا نیگەرانییەکانی خۆی لەسەر زمانی وەزیری رۆشنبیری (شیلاکۆبی) راگەیاند، کە نیگەران بوو لە هەژموونی کولتووری ئەمریکی و دەستتێوەردانەکان و وتی:

یەکێك لە مافەکانی منالانی کەنەدا ئەوەیە کە گوێ لە حیکایەتی باپیران بگرن، ئەوە مەعقول نییە کە (٦٠٪)ی بەرنامە تەلەفزیۆنەکانی کەنەدا لە دەرەوە بێت و (٧٠٪)ی مۆسیقاکانمان هی بێگانە بێت و (٩٥٪)ی ئەخلاقمان ئەمریکی بێت.

<hr>

[٣٢] هەمان سەرچاوە، ل١٢.

[٣٣] هەمان سەرچاوە، ل١٢.

لە فۆرمە گشتییەکەیدا کولتوور و شوناسی کوردیی دابڕاو نییە لە کولتووری گەلانی مسولْمان، چونکە ئەگەر کورد خۆیشی خوێندنەوەی جیای هەبێت، ڕۆژئاواییەکان بەتایبەتی ئەمریکییەکان هەروەک گەلێکی مسولْمان مامەلْەی لەگەلْدا دەکەن و جیای ناکەنەوە، لەبەر ئەوە ئێمە دەبێت لەم ڕوانگەیەوە مامەلْە لەگەلْ ئەوی تری ڕۆژئاوایی بکەین، ئەگەر سەیری وێنەی مرۆڤی مسولْمان بکەین لە ڕوانگەی ڕاگەیاندنی ڕۆژئاواییەوە مرۆڤێکی ئاسایی و یەکسان نییە بە مرۆڤی سپی، بەلْکو دەبینین بەردەوام خوێندنەوەیەکی جیاواز هەیە و لە ڕووی ئایین و زمان و شارستانیەتەوە، ئەمەش بەردەوام لە نەزعەیەکی ئیمپریالی و پاشکۆیی و دواکەوتنەوە سەیری دەکات و بە شێوەی یەکەیەکی مرۆیی خاوەن شارستانیەت و مێژوو نایخوێنێتەوە.

بەجیهانیکردن هەولْ دەدات کە سەر لە نوێ چەمك و تێڕوانینەکان و جیهانبینی مرۆڤ بگۆڕێت بەرامبەر بە گەردوون و مرۆڤ و ژیان و ئەمەش کاریگەری دەبێت لەسەر ئەخلاق و مامەلْە و شێوازی ژیانی مرۆڤی مسولْمان، لە جێگەی ئەمانەدا بڕەو بدات بە چەمك و جیهانبینی ڕۆژئاوا دەربارەی ئەو بابەتانەی کە باسمان کردن.

لە دیدی بەجیهانیکردنی کولتووری و فیکرییەوە گەردوون بۆ ئەوە دروست نەبووە کە بخرێتە ژێر ڕکێفی مرۆڤەوە، یان ببێتە گۆڕەپانی تاقیکردنەوەی خەلْك کە ئایا کێیان باشترین کردەوە ئەنجام دەدەن!! لەلای ئەوان مرۆڤ بۆ خواپەرستی دروست نەبووە، لە کاتێکدا کە ئەم چەمکانە بنەمای عەقیدەی ئیسلامین، بەلْام لە دید و تێڕوانینی بەجیهانیبوونی فیکری و کولتوورییدا ئەمانە بێجگە لە ئەفسانە هیچی تر نین[34].

کاریگەریی بەجیهانیکردن لەسەر شوناسی کولتووریی، ئێستا گۆڕانی بەسەردا هاتووە، وەک زەمەنی پێشوو نییە، چونکە ئەم کاریگەرییە لە ڕێگەی داگیرکارییەوە

نییە، بەڵکو پشت دەبەستێت بە چاندنی چەمکی فیکری و کولتووریی نوێ، کە لە شێوەی بەکاربردنی ئابووری و لەزەت وەرگرتنەوەیە.

هەر بەم هۆیەوە ئەمڕۆ دەبینین کە لە زۆربەی وڵاتانی جیهاندا ئاستی گرنگیدان بە تایبەتمەندییەکان و شتە بۆماوەییەکان و مەعنەوییەت لە کەمبوونەوەدایە و ئێستا زمانی ئینگلیزی بووەتە زمانی فەرمی لە زانکۆکانی جیهانی ئیسلامیی و تەنانەت بووەتە زمانی دایك بە پلەی دووەم، بەجیهانیکردن هەوڵ دەدات کە هاووڵاتیان پەیوەست بکات بە جیهانێکی (بێ نەتەوە) و (بێ خاك) و (بێ دەوڵەت)، چونکە ئەمە سەرەتای هێنانەدی خەونە ڕۆژئاواییەکانە و ئەوکاتەش پرۆژە کولتوورییەکە دەچێتە بواری جێبەجێکردنەوە و شوناسە جیهانییە نوێیەکە کە شوناسی بە ئەمریکایی بوونە، بە پلەی یەکەم جێگەی خۆی دەگرێت.

لەگەڵ پێشکەوتنی تەکنەلۆژیا و تەکنیکی نوێدا، کە توانیویەتی بچێتە ناو هەموو بوارەکانی ژیانەوە، بەم هۆیەوە شوناسی نیشتیمانیی هەموو کۆمەڵگەکان لە مەترسی سڕینەوە و لەناوچووندایە، چونکە ئەم پێشکەوتنە لە جەوهەردا هەڵگری مەعریفە و زانستی نوێیە، بە ئاڕاستەیەك هەنگاو دەنێت کە ئامانجی گۆڕینی پێکهاتەی باوەڕ و شارستانیەتی گەل و نەتەوە جیاوازەکانە، لەبەر ئەوە زۆر پێویستە کە گرنگی بە شوناسی شارستانی و نیشتیمانی بدرێت و جەخت لەسەر نەگۆڕەکانی بکرێتەوە، بۆ ئەوەی بتوانین بەشێوەیەکی ئیجابی مامەڵە لەگەڵ گۆڕانکارییەکانی سەردەمدا بکەین و بەپێی توانا دووربکەوینەوە لە هەموو ئەو نەخشە و پلانە ستراتیجیانەی کە دەبنە هۆی پەرتبوون یان ناشیرینبوونی شوناسی نیشتیمانی.[٣٥]

ئێمەی گەلی کوردیش کە بەشێکین لە گەلانی دنیای ئیسلام، پێویستە هەماهەنگیمان لەگەڵ گەلانی ناوچەکەدا هەبێت و هەنگاوی بۆ هەڵبگرین، چونکە ئیسلام بریتییە لە بنەمای پێکهاتەی شارستانیەت لەلای مسوڵمانان، هەر بەم

---

٣٥ هەمان سەرچاوە.

هۆیەشەوە ئێستا سەرچاوەی سەرەکییە بۆ شوناسی نیشتیمانی و نەتەوەیی، هەر لەم ڕێگەیەشەوە دەتوانرێت شوناسە نیشتیمانی و نەتەوەییەکان پارێزگارییان لێ بکرێت.

ئیسلام بە بیر و باوەڕ و شەریعەت و مێژوو شارستانیەتەکەی و زمانەکەی بریتییە لە شوناسێکی هاوبەش بۆ هەموو مسوڵمانێك، هەروەها ئەو زمانەش کە قسەی پێ دەکات تەنها هۆکارێکی تەعبیر و گوتاردان نییە، بەڵکو فیکر و خود و ناونیشانە، پیرۆزییەکی تایبەتی هەیە کە لە ئاسمانەوە هاتووە، هەروەها ئەو جیهانبینییەی بڕوامان پێ هێناوە تەنها ئایدیۆلۆژیایەك نییە، بەڵکو زانستێکە تەواو گشتگیرە، هەروەها سروشتی ئاسمان و ڕێگایەکی ڕاستە، ڕاستییەکی بێگومانە کە هیچ گومان و ناتەواوییەك هەڵناگرێت، مەنزومەیەکی بەهاکانە بووە بە مەرجەعمان لە سلوك، ئەمەش نە ڕێژەییە و نە قۆناغێکە. ^(٣٦)

لەکاتێکدا کە باس لە چارەنووسی شوناس و گۆڕانکارییەکانی دەکەین، نابێت بەشێوەیەکی سادە تێکەڵاو بەم بابەتە ببین، چونکە بەبێ ناسینی بەرامبەر و ڕایەکانی و ئامانجەکانی، نابێت ئێمە هەڵوێستی خۆمان دیاری بکەین، دەبێت ئێمە ئەوە ببێتە قەناعەتێکی دامەزراو لامان کە ڕۆژئاواییەکان وەك گەلێکی مسوڵمان مامەڵەمان لەگەڵدا دەکەن و تێڕوانینێکی تایبەت نییە بۆ ئێمە، لەبەر ئەوە، ئێستا ئێمە دەبینین کە ڕۆژئاواییەکان لە هەوڵی پەراوێزخستنی کولتووری ئیسلامیدان، ئەمەش لەلای ئەوروپی و ئەمریکییەکان وەك یەك و بە دیدێکی شارستانیەتی ڕۆژئاوایی شتەکان دەخوێننەوە، لەم هەڵوێستەشیاندا ئەگەر بەشێوەیەکی زانستی سەرنجی بدەین، بێئاگایی و نەزانییەکی زۆریان پێوەدیارە دەربارەی ئیسلام و مسوڵمانان، ناشیانەوێ تێبگەن لە ئیسلام و شارستانیەتی ئیسلامیی، ئەم نەناسین و نە شارەزاییانەیان و خوێندنەوەیەکی سەرپێیی ڕووکەش و ڕۆژنامەنووسییانە وایکردووە کە خۆیان وەك دوژمنێك سەیر بکەن، واتە جەنگێکی کولتووری و شارستانییان دەستپێکردووە، ئەویش بەهۆی جیاوازی نموونەی شارستانی و مەرجەعیەت، چونکە ئەوان لە فیکری

---

^{٣٦} د. محمد عمارة، مفاصل العولمة على الهوية الثقافية، ص٤٦.

پێکەوەژیانێکی مرۆییدا نین، بەڵکو بە عەقڵیەتێکی هەژموونگەرایی مامەڵە دەکەن، کە گرنگترینیان بەرۆژئاواییکردنی کولتووری نیشتیمانی و نەتەوەیی و ئاینییە، ئەویش لە ڕێگەی کۆمەڵێک دامودەزگای بەهێزی سەرنجڕاکێشی وەک هۆکارەکانی ڕاگەیاندن و تەکنەلۆژیای نوێ و دەستبەسەرداگرتنی، لەسەر ئاستی مەعریفە و بەکارهێنانی، بەرهەمهێنانەوەی کولتوور ڕۆڵێکی گرنگی لەم بوارەدا هەیە، کە ئەویش لەسەر شێوازێکی نوێیە کە بە پۆست مۆدێرنیزم ناودەبرێت، کە ئەمەش بەرهەمهێنانەوەی نوێیە و چەمکی بەکاربردن بەهێز دەکات لەلای گەلان. هەروەها ڕایەکی تریش هەیە، کە دەڵێت کولتووری تەقلیدیی ناتوانێت لەبەردەم شەپۆلەکانی کولتووری بەجیهانیکردندا خۆی بگرێت، لەم حاڵەتەشدا شوناس دەکەوێتە بەردەم لەناوچوون و توانەوەوە، چونکە بەجیهانیکردن دێت جارێکی تر سەر لە نوێ شوناسی نەتەوەیی و نیشتیمانی دادەڕێژێتەوە، ئەویش لە ژێر کاریگەریی تەکنەلۆژیا و ڕاگەیاندن و پەیوەندییە نوێیەکاندا دەبێت، لەکاتێکدا کە پرۆژەیەکی نیشتیمانی و نەتەوەیی لەئارادا نەبێت کە لەسەر بنەمایەکی کولتووریی زانستیی پتەو دارێژرابێت، ئەوا ئەوکاتە شوناسی ئەو نەتەوەیە دەکەوێتە بەردەم شەپۆلەکانی بەجیهانیکردنی ئەمریکییەوە و دەبێت بە کولتوورێکی پاشکۆ و پەراوێز و شکستخواردوو، هەروەک ئەمڕۆ دەبینرێت کە چۆن بەئاسانی کولتووری بەکاربەری ئەمریکی چۆن چووەتە ناوکرۆکی دامودەزگا نیشتیمانییەکان، بەتایبەتی ئەوانەی کە پەیوەندییان بە کولتوورەوە هەیە، وەک پرۆگرامەکانی خوێندن و زانکۆ و سەنتەرەکانی لێکۆڵینەوە، کە هەموویان ئەو ڕاستییە دەسەلمێنن (دەربارەی چارەنووسی شوناس لە زەمەنی بەجیهانیکردندا ڕای جیاواز هەیە، هەندێکیان باوەڕیان وایە کە ڕێگەیەکە بۆ ئازادی و کرانەوە و ڕزگاربوون لە لایەنگریی کوێرانە بۆ ئایدۆلۆژیایەک و کرانەوە بە ڕووی فیکری جیاواز بەبێ ڕەگەزپەرستی و خۆشڵەژاندن، هەروەها ڕێگەیەکە بۆ ڕزگاربوون لە هەموو ناعەقڵانیەتێک کە بەهۆی لایەنگریی پێشوەختە دروست بووە بۆ ئایین یان

ئایدۆلۆژیایەکی دیاریکراو، لەدوای ئەمەش عەقلانیەتێکی زانستی و بێلایەنی کولتووریی بنیات دەنێت‏(٣٧).

بەپێی ئەم رایە (بەجیهانیبوون هەرەشەیەك نییە بۆ تواندنەوە یان لەناوبردنی شوناسە کولتوورییەکان، بەڵکو بە جۆرێکی تر دروستیان دەکاتەوە، تەنانەت گەشەیان پێدەدات کە لەگەڵ ئێستا بگونجێن، ئێستا مرۆڤ بەرەو ئەوە دەروات کە هەڵگری چەند شوناسێك بێت، نموونەشمان بۆ ئەمە کۆچبەرەکانن، بەتایبەتیش بەرەی سێیەمیان، ئەمانە نابێت وەك رابردوو باسیان بکرێت کە بە مرۆڤی پەراوێز یان دوالیزمە ناو دەبران، بەڵکو دەبێت دوانەبوونیان وەك حاڵەتێکی ئیجابی سەیر بکرێت، ئێستا جوڵەی خەڵك زۆر بووە، بەهۆی کەمبوونەوەی مەوداکان، بۆ نموونە ئەوروپا کە فیکرەی دەوڵەتی نیشتمانی و برەوپێدان بە فیکرەی رۆژئاوا و ئەوانی تر (the west & otheres) لە زۆر حاڵەتدا خۆی وەك کۆمەڵگەیەکی ئازاد بۆ کولتوورەکان ناوزەد دەکات)‏(٣٨).

هەندێك لە رۆشنفکران وای دەبینن کە ترسی شوناسی کولتووریی لە مەسەلەی بەجیهانیکردن لە شوێنی خۆیدا نییە، چونکە بەپێی ئەم بۆچوونە ئەوە بە پێچەوانە دەبینرێت، کە دەبێتە هۆی سەر لە نوێ ژیانەوەی شوناس بۆ ئەوەی لەگەڵ بەجیهانیبووندا بگونجێت، چونکە ئەوەی کە ئێستا دەبینرێت (جەختکردنەوەیە لەسەر گەڕان بە شوێن شوناسێکی دەستەجەمعیی بەهێز و وێنایەکی نوێ بۆ کۆمەڵ لە چوارچێوەی کۆمەڵگە نوێکاندا، نووسەرێکی وەك نافنیسولی (naffesoli) وای دەبینێت کە دینامیکیەتی گۆران لە مۆدێرنیزمەوە بۆ پۆست مۆدێرنیزم دەبێتە هۆی گەشەکردنی گۆران لە تاككەراییەوە بۆ کۆمەڵبوون، لە عەقلانیەتەوە بۆ حاڵەتی سۆزداریی، کە ئەمەش لە حاڵەتی پێش مۆدێرنیزم دەچێت کە حاڵەتێکی تەقلیدییە،

---

٣٧ أحمد مجدي الحجازي، العولمة وتهميش الثقافة الوطنية، مجلة عـالم الفكـر، العـدد: ٢٨، ٢ أكتـوبر ١٩٩٩، ص١٥٢.

٣٨ د. حيدر ابراهيم، العولمة وجدل الهوية الثقافية، عالم الفكر، العدد: ٢٨، ٢٠٠٣، ص١٠٤-١١٠.

هەروەها دەڵێت ئەم حاڵەتەی ئێستا جیهان دەگۆڕێتەوە بۆ سەر حاڵەتی خێڵایەتی، کە لە سەدەکانی پێشوودا بەشێوەی تەقلیدی هەبووە، ئەمەش پێی دەوترێت خێڵایەتی نوێ)[٣٩].

ئەم بۆچوونە جیاوازانە، لە هێزی ئەو ڕایانە کەمدەکەنەوە کە دەیان وت بەجیهانیبوون کاریگەریی ریشەیی دەکاتە سەر شوناسی کولتووریی، واتە بەجیهانیکردن هەرگیز ناتوانێت کولتوورێکی تایبەتی لە بووندا نەهێڵێت ئەگەر هەڵگرانی جوڵاو و مامەڵەیان ئیجابی بێت لەگەڵیدا، واتە بەجیهانیکردن وەک تۆڕێک وایە، هەموو کولتوورێک دەتوانێت بەشداری بکات لە چنین و دروستکردنیدا، واتە چارەنووسی هەر کولتوورێک دەوەستێتە سەر پێکهاتە سایکۆلۆژییەکەی کە ئایا چۆن لەگەڵ گۆڕانکارییەکانی بەجیهانیکردندا مامەڵە دەکات؟

لە داهاتوودا دەبینین کە شوناسەکان شێوە و پێکهاتەیان دەگۆڕێت بەپێی گۆڕانکارییە نوێیەکان و خۆیان لەگەڵ زەمەنە نوێیەکەدا دەگونجێنن، کە بەشێکی لە کاردانەوە و بەشێکی تر بەهۆی کاریگەرییەوە دەبێت، بەم پێیەش شوناس لەناو ناچێت و گەشە دەکات.

ئێستا لە ئاستێکی جیهانییدا دەبینرێت دەبینرێت گەلان هۆشیارییەکیان پێوە دیارە بۆ گرنگیدان بە شوناس و بە پێویستی دەزانن کە بیپارێزن و گەشەی پێبدەن و خۆیان هۆگر بکەن پێوەی، زیندووبوونەوەی ڕابوونی ئاینی لەسەر ئاستێکی جیهانی وەڵامدەرەوەی ئەو پێویستییە نوێیەیە، کە هەر نەتەوەیەک دەیەوێت لە ڕێگە ئاینییەکەیەوە تەعبیر لە بنیاتنان و پاراستنی شوناس بکاتەوە، ئەم ڕابوونە تەنها تایبەت نییە بە دنیای ئیسلام، بەڵکو لە ناو جولەکەکان و مەسیحییەکان و بوزییەکاندا دەبینرێت، بەپێی بۆچوونی هانتینگتۆن ئاین بنەمای شارستانیەتە، تیۆری ململانێی شارستانییەکان لەبەرامبەر کاردانەوەی ڕابوون و بوژانەوەی ئاینی دانراوە، بەتایبەتی لە جیهانی ئیسلامییدا، کە ئێستا بووەتە بنەمای شوناسی گەلە مسوڵمانەکان، بۆ ئەم

---

[٣٩] هەمان سەرچاوە، ل٥.

مەبەستەش دەبینین لە جیهانی ئیسلامییدا رەوتی میانڕەوی ئیسلامیی دەیەوێت هەڵگری مەشخەڵی شوناس بێت، چونکە ئەم ڕەوتە دەتوانێت لە گۆڕانکارییە جیهانییە نوێیەکان تێبگات و لەگەڵ پێشکەوتن و مۆدێرنیزمدا خۆی بگونجێنێت و شوناسێکی نوێ بۆ گەلانی مسوڵمان بنیات بنێت، ئەو دەیەوێت لە ڕێگەی پەیڤین و لەیەکترگەیشتنەوە پردێکی پەیوەندیی لەگەڵ گەلان و شارستانیەت و مەدەنیەتی ڕۆژئاوادا دروست بکات و لە ڕێگەی کۆڕ و سیمینار و ڕاگەیاندن و ڕۆژنامە و دامودەزگا ئەکادیمییەکانەوە بارودۆخێکی نوێ بۆ یەکترناسین و لەیەکتر تێگەیشتن دروست بکات، کە بەمەش دیدێکی نوێ بەرامبەر ڕۆژئاوا دروست دەبێت کە هەنگاوێکی ئیجابییە بۆ ڕۆژئاواناسی و خوێندنەوەی بەرامبەر و دروستبوونی بارودۆخێکی نوێ و یەکتر خوێندنەوە و راگۆڕینەوە و نابێتە هۆی گەشەکردنی دژایەتی و بوغز و ململانێ، لەبەر ئەوە ئەگەر بەجیهانیکردن ببێتە گۆڕەپانی لەیەکترگەیشتن، هەرگیز بارودۆخی شوناس بە ئاراستەی سلبیدا ناچێت بە تایبەتی لەلای گەلانی مسوڵمان کە خاوەن شارستانیەتێک و مێژوویەکی پرشنگدارن لە خوێندنەوەی بەرامبەر و کارکردن لە بازنەیەکی فراوانی مرۆییدا.

(لەمبارەدا بەجیهانیکردن هەرگیز نابێتە دوژمنی شوناس و نابێتە بەدیلێک بۆی، بەجیهانیکردن بەم چەمکە و لەم سنوورەدا لە چوارچێوەی جۆراوجۆری کولتوورەکان و گەشەی شوناسی گەلان و لە بازنەی بوونی گفتوگۆ لە ئاستێکی بەرز لە نێوان ئایین و شارستانیەتەکان، ئەمەش ویستێکی مرۆڤایەتی گەورەیە لە داهاتووی مرۆڤایەتی و ڕوو لە گەشە و کرانەوە دەکات، ئەمەش بە کۆبوونەوەی ئەزموونێکی زۆر دەبێتە مایەی قووڵبوونەوەی ڕێز و خۆشەویستی بۆ هەموولایەك).

ئەگەر بەجیهانیبوون بە ئاراستە مرۆییەکەیدا گەشە بکات، لەپێناو رەخساندنی بواریک بۆ کولتوور و شارستانییە جیاوازەکان، ئەوکاتە ئەم شارستانیەتەش دەبێتە شارستانیەتێکی جیهانی و لە بازنە مرۆییەکەیدا هەموو گەلان خۆیان بە خاوەنی

دەزانن و هەریەکە لەئاست خۆیەوە پشتیوانی لێدەکات و دەبێتە بواریک بۆ
گەشەکردنی چاکترین و باشترین شوناس کە لە خزمەت مرۆڤایەتیدا بێت.

شوناس و ڕێگەی سێیەم :

پێویستە لە سەرمان کە لە بواری شوناسدا ڕێگەی سێیەم هەڵبژێرین، واتە لە
ڕێگەی مۆدێرنیزمێکی مەدەنی کە بتوانێت شوناس و مەعریفە و ئازادی بەیەکەوە گرێ
بدات لە چوارچێوەی سیستمێکی دیموکراسیدا، ئەمەش ڕێخۆشکەرە بۆ پێگەیاندنی
تاک بە هۆشیارییەکی مەدەنی کە لەسەر بنەمای کرانەوە و لێبوردەیی و داننان بە
بوونی بەرامبەرەکان و جیاوازیی، دارێژرابێت، هەروەها لەسەر بنەمای هاوولاتیبوون
دامەزرابێ، کە سەرچاوەی گرتبێت لە پەروەردەیەکی نوێی پاپەند لەلایەک بە کولتوور
و ڕەسەنایەتی، لەلایەکی تریش بڕوای هەبێت بە چەسپاندنی مافەکانی هاوولاتیبوون و
بەشداری لە داموەزگاکانی کۆمەڵگە بەبێ جیاوازی، هەریەکەش بەرپرسیاربێت لە
پێشخستن و بەرەوپێشبردنی کۆمەڵگە لە بوارە جیاوازەکاندا، شوناسی نوێ دەبێت
لەگەڵ پێشکەوتنە جیهانییەکاندا هەماهەنگ بێت و دابراونەبێت، دەبێت شوناسی نوێ
تاکێکی نوێ بنیات بنێت کە بۆ ئاINDE بژی و لە ڕابردووش دابڕاو نەبێت، بەڵکو
بەردەوام لەسەر ڕیفۆرمی ڕابردوو کاربکات و لە ئایندەشدا خاوەنی ستراتیژیەتێکی
تایبەتی بێت کە تیایدا مەعریفە و زانست و پێشکەوتن ببێتە هۆکارەکانی
بەرەوپێشبردنی کۆمەڵگە .

دەبێت تاک پشت بە هێزی مەعریفە و قەناعەت پێهێنان و گفتوگۆ ببەستێت لە
چارەسەری گرفت و ناکۆکییەکاندا، کراوە بێت و هەوڵی بنیاتنانی داموودەزگا
مەدەنییەکان بدات، ئەمەش سەرەتای شۆڕشێکی نوێیە کە دەبێت ببێتە بەرنامە و
ستراتیژیەتێکی نەتەوەیی لە پاشان بەشێوەی پلان دابڕێژرێت و پلانەکەش ورد
بکرێتەوە بۆ پرۆژە و پرۆژەکانیش بۆ چالاکی، ئەم ستراتیژیەتەش دەبێت هەموو
داموودەزگاکانی حکومەت لە پەروەردە و فێرکردن و زانکۆ و پەیمانگا و هەموو

ناوەندەکانی خوێندن بگرێتەوە، هەروەها راگەیاندن و بنکەی رۆشنبیری و ئەدەبی و رۆژنامە و گۆڤار و هۆکارە بینراو و بیستراوەکان.

هەتا لەسەر هەموو ئاستەکان کار لەسەر تاک بکرێت و ئەم هۆشیارییە مەدەنییە تیایدا ببێتە سلوك، واتە تاکێك دروست ببێت کە بتوانێت پێکەوەگونجان لە نێوان نەگۆڕەکانی شوناس و گۆڕاوەکانی دنیای نوێ دروست بکات.

ئەمرۆ ئێمە پێویستمان بە مرۆڤی وشیار هەیە، کە بتوانێت لە زەمەنی نوێ تێبگات، واتە مرۆڤێکی عاریف بێت بە ئاین و شارستانیەت و کولتوور و مەدەنیەت و پێشکەوتنی نوێ، چونکە مرۆ بنەمای هەموو گەشەپێدانێکە، ئەمرۆ کۆمەڵگەی ئێمەش لە هەموو ئەو قەیرانانەی کە تێیانکەوتووە سەرچاوەکەی لە راستیدا قەیرانێکی مرۆییە، کە خاوەنی گەشەپێدان نییە، چونکە تەنها مرۆ دەبێتە سەرچاوەی قەیرانەکان و هەر مرۆڤیشە دەبێتە رابەری چاکسازییەکان. ئەمرۆ لە جیهاندا ململانێی گەورە لەسەر جەوهەری هێزە، جەوهەری هێزیش لە ئێستادا مەعریفەیە.

تەنها نەتەوە کەمتوانا و سنووردارەکانن لە رووی عەقڵەوە، پشت بە هێزی سەربازیی دەبەستن و دواجار هەموو هێزەکانی تر لەم پێناوەدا بەفیرۆ دەدەن و بێجگە لە دواکەوتن هیچ چارەنووسێکی تریان نییە، ئەمرۆ سوپا و تانك و سەربازەکان نەتەوەکان ناپارێزن، ئەوان نین گوزەرانی باش و پێشکەوتن بنیات دەنێن، بەڵکو جەوهەری هێز و پێشکەوتن و گۆڕان و عەقڵی داهێنەرانەی مرۆڤە کەخۆی دەبینێتەوە لە میکانیکیەتی زانیاری و هۆکانی پەیوەندیی. هەر ئەوەشە ئەمرۆ کاریگەری لەسەر جیهانی سیاسەت و ئابووری و سەرچاوەکانی بریاردان داناوە لە ژینگە گشتییە جیهانییەکەدا.

به‌شی سێیه‌م :

شوناسی جیهانیی، یان جیهانێك به‌بێ شوناس

دكتۆر موحه‌ممه‌د عابد ئه‌لجابری ده‌ڵێت:

به‌جیهانیكردن، به‌ڕێوه‌بردنێكـه بـۆ هـه‌ژموون په‌یداكردن، لـه هـه‌مان كاتـدا سه‌ركوتكردن و په‌راوێزخستنی تایبه‌تمه‌ندییه‌كانه، به‌ڵام جیهانگه‌رایی (universals lissome) بریتییه لـه حه‌زی گه‌شه‌دان به تایبه‌تمه‌ندیه‌تی بۆ ئاستێك، به‌جیهانیكردن ده‌ستگرتنه به‌سه‌ر جیهان و جیهانگه‌راییدا، به‌رووی ئه‌وه‌دا ده‌كرێته‌وه كه گه‌ردوونی و جیهانییه. [٤٠]

لـه نێو جیهانگه‌راییدا كۆمه‌لێك فه‌لسه‌فه و ئه‌ده‌ب و هونه‌ر و شارستانیه‌ت هه‌ن كه هـه‌ر یه‌كـه‌یان جۆرێك لـه تایبه‌تمه‌ندییان پێوه دیاره، لـه‌م نێوه‌نده‌دا هـه‌موو ئـه‌م تایبه‌تمه‌ندییانه كۆده‌بنه‌وه، پاشـان فۆرمێك لـه‌خۆ ده‌گرن، ئـه‌ده‌بی به‌تایبه‌تمه‌ندییه نیشتمانی و نه‌ته‌وه‌ییه‌كه‌ی جیا ده‌كرێتـه‌وه، لـه‌هـه‌مان كاتیشدا دیـوه مرۆییه‌كـه‌ی ده‌بیاته ئاستێك. [٤١]

لێـره‌دا جیاوازییـه‌كی گـه‌وره ده‌بینرێت لـه نێـوان ئـه‌م دوو ده‌سته‌واژه‌یه‌دا، جیهانگه‌رایی واته هه‌موو دانیشتوانی ئه‌م گۆی زه‌وییه به‌هه‌موو خێڵ و گـه‌ل و نه‌تـه‌وه و زمـان و ڕه‌گـه‌زه‌كانی، لـه‌سـه‌ر گـۆی ئـه‌م زه‌وییـه ده‌ژیـن، هـه‌ر یه‌كـه‌یان لـه‌گـه‌ڵ ئه‌ویتریاندا تێكـه‌ڵ ده‌بن لـه ڕووی ئاین و زمان و بـاوه‌ڕ و بۆچـوونه سیاسی و ئـاینی و سیسـته‌مه ئـابووری و كۆمـه‌ڵایه‌تییه‌كانیانـه‌وه، بـوونی جیاوازی لـه‌م چوارچێـوه‌یه‌دا شتێكی سروشتییه، لـه‌گـه‌ڵ ئـه‌م مامه‌ڵـه‌كردن و هاوكارییكردنی یـه‌كتر كارێكی زۆر پێویسته، بۆ ئـه‌وه‌ی ڕێگه بگیرێت لـه پێكدادان و جـه‌نگ و دوژمنكاری، ئـه‌م كاره جیهانییه‌ش ناوده‌برێت به (به ڕۆشنبیریی بـوونی شارستانیه‌ت) لـه نێـوان گـه‌لان و

---

٤٠ د. محمد عابد الجابري، العولمة والهوية الثقافية، عشر أطروحات.. ص٣٠١.

٤١ د. حسين عبدالهادي، العولمة النيولبرالية وخيارات المستقبل، ص٤٨٧.

نەتـەوە جیاوازەکانـدا، ئەمـەش واقیعـی ژیـانی مرۆڤایـەتی بـووە هـەر لـە سـەرەتای مێژووەوە هەتا ئێستا، کە تیایدا زمانەکان لەگەڵ یەکتردا موتوربە بوون و کۆمەڵگاکان هاوکاریی یەکتریان کردووە و شارستانیەتەکانیش گواسترانەوە لـە شـوێنێکەوە بـۆ شوێنێکی تر. [٤٢]

ئەگەر سەیری مێژووی مرۆڤایـەتی بکـەین، کۆمـەڵێک شارستانیەتی جیاواز هـەن، لەبەر ئەنجامی کۆمەڵە کولتوورێکی جیاوازەوە دروست بـوون، لـەم رِوانگەیـەوە ئێستا جیهان پێویستی بە سیستمێکی کراوە هەیە، بۆ ئەوەی بە یەکسانی و بێلایەنی لەگەڵ هەموو لایەکدا مامەڵە بکـات، واتـە فەزایەکی یەکسان بڕەخسێنێت بـۆ بەشداری لـە شارستانیەتێکی جیهانییدا، نـەک لەسـەر بنـەمای داخـران و دوژمنکـاری و رِێگرتن و گەمارۆدان.

ئەمڕۆ جیهان پێویستی بە رەخساندنی بارودۆخێکی نوێ هەیە، کە دان بنێت بە تایبەتمەندی و فرەییدا و بگەڕێت بە شوێن خاڵە هاوبەشـە مرۆییەکاندا، بە تایبەتی ئەوەی کە لە نێوان کولتوور و شارستانیەتییە جیاوازەکاندا هەیە، لـەم رِێگەیـەشـەوە فەزایەکی جیهانیی نوێ بنیات بنرێت کە هەموولا تیایدا بەشداربن و ئەمـەش بنەمایـەک بێت بۆ دروستکردنی شوناسێک.

بـۆ ئـەم مەبەسـتەش پێویسـتە دامودەزگا نێودەوڵەتییـەکانی ئـەو سیسـتمە جیهانییە، نوێنەرایـەتی تایبەتمەندییە جیاوازەکان و خاڵی هاوبەشی شارستانێتییە جیهانییەکان بێت.

ئەم پەیوەندییە پێویستە لەسەر بنەمای رِێسای یەکترناسین بێت لە نێوان هـەموو گەلاندا، وەک خوای گەورە دەفـەرمووێت: (يَاأَيُّهَا النَّاسُ إِنَّا خَلَقْنَاكُمْ مِنْ ذَكَرٍ وَأُنْثَى وَجَعَلْنَاكُمْ شُعُوبًا وَقَبَائِلَ لِتَعَارَفُوا إِنَّ أَكْرَمَكُمْ عِنْدَ اللَّهِ أَتْقَاكُمْ إِنَّ اللَّهَ عَلِيمٌ خَبِيرٌ) (الحجرات: ١٣).

---

[٤٢] د. محسن عبدالحميد، العولمة من المنظور الاسلامي، ص٧.

ئەم ئایەتە باس لە دامەزراندنی پەیوەندیی نێوان گەلان و شارستانیەتییە جیاوازەکان دەکات لەسەر بنەمای یەکترناسین، نەک ململانێ و پێکدادان و ڕەتکردنەوەی بەرامبەر.

لەمبارەیەوە زەکی میلاد دەڵێت: لە ڕوانگەی ئەم ئایەتەوە ئێستا تیۆرییەك دروست بووە کە ناسراوە بە (یەکترناسینی شارستانییەتەکان)، چونکە شارستانییەتە جیاوازەکان هەتا لە یەکترناسینەوە دەست پێنەکەن، ناتوانن لە پێکدادان و جەنگ رزگاریان ببێت و بگەنە پەیڤین و لەیەکترگەیشتن..

یەکترناسین چەمکێکی مرۆیی مەزنە، هەروەها گرنگی و بەهایەکی تایبەتی خۆی هەیە، یەکێک لەو چەمکانەی کە ئەمرۆ مرۆڤایەتی زۆر پێویستی پێیەتی هەتا لە نەهامەتی جەنگ و کوشتار و دژایەتی رزگاری ببێت، پێویستە گەلانی جیهان زۆرتر گرنگی بەم چەمکە بدەن و لەم ڕێگەیەشەوە شارستانیەت و کولتووری یەکتر بناسن، کە دووربێت لە سەپاندنی هەژموون و داگیرکاری و پەراوێزخستن.

ئێستا کە زەمەنی بەجیهانیبوونە، بە پێچەوانەی جیهانگەراییەوە کار دەکات، چونکە لە مێژوو و جوگرافیا و کولتوور و شارستانیەتییەکانی سەر زەوییەوە دەست پێ ناکات، واتە لە ئەنجامی پەیڤینێکی مرۆییەوە هەڵنەقوڵاوە، کە هەموو لایەك بەشداریی دارشتنی بکەن، بەڵکو لە فەزاوە دەست بە پەخشبوون دەکات و لە ئەنجامی پەیڤینێکی لەوەوپێش نییە، ئەو هەموو جیهانبینی و بۆچوونەکانی لە ڕێگەی گەردوونەوە پەخش دەکات، پرس بە هیچ نەتەوە و نیشتمانێك ناکات.

ئاینەکان و مەزهەبە ئابووری و سیاسی و کۆمەڵایەتییەکان رەهەندێکی جیهانییان هەیە، بەڵام دابراو نین لە تایبەتمەندیش، کەواتە لەم ڕووەوە دەتوانین بڵێین لە مێژوودا فەلسەفە جیاوازەکان زۆرتر مرۆیی بوون.

لە دوای پێشکەوتنی شۆڕشی زانیاری و تەکنەلۆژی و فراوانبوونی شۆڕشی پەیوەندییەکان بە شێوەیەك کە هەموو ئاستەکانی گرتووەتەوە.

لێرەشەوە هـەر چـەند بانگەشەی ئایدۆلۆژیا دەکرێت، بەڵام لـه فـۆرمێکی تـردا ئایـدۆلۆژیا دێتـه نـاو تەکنـەلۆژیا، بەشێوەیەك فـروانتر دەبیبـینین، جـۆرێکی تـر لـه جیهـانبینی بەتایبـەت لـه بـواری زانسـته مرۆییـەکان و کۆمەڵناسـی، کـه زیـاتر رەنگدانەوەی فەزای جوگرافیایەکی تایبەتییه، لێرەوە ئەو جیهانبینییه نوێیـه دێـت و خۆی به جیهانی دەزانێت، ئێسـتا تێکەڵکردنێك لـه نێـوان کولتـوور و شارستانیەتیدا هەیه، ئەم شارستانیەتییەش به رۆژئاوایی ناسراوه و به بەرهەمی کولتووری رۆژئاوا لـه قەڵەم دەدرێت و لەسـەر هەموو گەلانی جیهـانیش پێویسـته کـه قبـوڵی بکـەن. لەگـەڵ پێشکەوتنی شارستانیەتی مرۆڤایەتی شیـواز و گۆرانکـاریی نوێ هەیه، کـه دەیـەوێت ناسنامەی زۆربەی شتەکان بگۆرێت.

به بۆچوونی سـەید یاسین (لەگـەڵ گەشـەکردنی شۆرشـی زانیـاریی، پەیوەندیی گـەردوونی، گۆرانێکی جەوهەری لـه بـواری دارشتنەوەی شوناسدا روودەدات، چونکه لـەم زەمەنی ئینتەرنێتـەدا تـاك خۆی دەتوانێت چاودێریی گەشـه و بەرهـەمی عـەقڵی مرۆڤایەتی بکات و لـەم روانگەیەوه رووه گەشەکانی رۆحی مرۆڤی نوێ ببینێت، لـەم رێگەیەشەوه تاك دەتوانێت شوناسی تایبـەت به خۆی دروسـت بکات، بـەبێ ئـەوەی ملکەچـی کاریگەرییـەکانی پیـاوه ئاینییـه تەقلیدییـەکان بێت، یـان بکەوێتـه ژێـر کاریگەریی دەزگا راگەیاندنه جەماوەرییەکان. به واتایـەکی تـر، سنوورەکانی ئازادیی مرۆڤ تا رادەی بێ سنوور زیاد دەکات، هەروەها هۆکارەکانی داهێنان دەچنه ئاستێکی بێ سنوور.^(٤٣)

بەهۆی پێشکەوتنی هۆکانی پەیوەندییەوه، ئاسۆکانی مرۆڤی مۆدێرن فراوان بوون و دەتوانێت لـه جۆرەها رێگەوه بەبێ سانسۆر زانیاری وەربگرێ و ئاگاداری گەشـەی کولتووری نەتەوه جیاوازەکان بێت.

لـەم رێگەیەشەوه دەکەوێتـه ژێر کاریگەریی جۆرەها دید و جیهانبینی و شێوازی ژیانی نوێی گەلان.

<hr>

٤٣ السید الیاسین، العالمیة والعولمة، دار مصر للطباعة والنشر، ٢٠٠٠م، ص٩٣.

ئینتەرنێتیش ئێستا هۆکارێکی بنەڕەتییە بۆ پەیوەندیی مرۆیی، ئەویش لە ڕێگەی خوێندنەوەی ڕاستەوخۆی جۆرەها سەرچاوەی فیکریی جۆراوجۆر، هەروەها لە ڕێگەی پەیوەندیی ڕاستەوخۆوە کە بەهۆی نامەی ئەلیکترۆنییەوە ئەنجام دەدرێت، لەم ڕێگەیەشەوە دەتوانێت بەشداریی مشتومڕی جۆرەها گرووپ بکات کە لەسەر بنەمایەکی دیموکراسی دروست بووە، کە ڕێگە دەدات ڕا و ڕای بەرامبەر هەبێت و هەر کەسە بە ئازادی تەعبیر لە ڕای خۆی بکات. [٤٤]

لەو ڕوانگەیەوە کە ئێستا جیهان وەک گوندێکی لێهاتووە بەپێی بۆچوونی زۆر لە ڕۆشنبیرانی جیهان، ئەمە دەبێتە مایەی ئەوەی کە هەموو کولتوورەکان و شارستانیەتە جیاوازەکان یەکتر بناسن، بە تایبەتیش لەسەر ئاستی ئازادییەکانی تاکە کەس، کە لەم ڕێگەیەشەوە تاک شوناسی خۆی هەڵدەبژێرێت و شوناسەکانی تریش دەناسێت.

بەڵام ئەمەش بەپێی ئاستی هۆشیاری و تێگەیشتنی تاک دەگۆڕێت، لەگەڵ ئاستی پێشکەوتنی ئەو کۆمەڵگەیەی کە تیایدا دەژی، چونکە تاک کاتێک شانازی بە شوناسی خۆیەوە دەکات کە بۆشاییە ماددی و مەعنەوییەکانی بۆ پڕ بکاتەوە، واتە کاریگەری لەسەر باشکردنی گوزەرانی تاک هەبێت، لەهەمان کاتدا لە ئاست مێژوو و ئاین و شارستانییەتی نەتەوەی خۆی جۆرێک لە زانیاری هەبێت کە ئیرادەیەکی مرۆڤدۆستانەی بۆ دروست بکات.

بەپێی بۆچوونی سەید یاسین (تواناکانی تاک بۆ هەڵبژاردنی تێڕوانینی نوێ بۆ جیهان زیاد دەکات، ئەویش لە ڕێگەی ئاشنابوونی فیکری بەرامبەرەکانەوە دەبێت، کە ئەوەش دەبێتە هەرسکردنی شێواز و وێنە چەقبەستووەکان کە لەنێو کولتووری زۆربەی گەلاندا هەیە، لێرەوە سەرەتایەکی نوێ بۆ پەیڤینێکی شارستانی سەر هەڵدەدات کە دەبێتە هۆی کۆتایی هاتن بە دەسەڵاتە خۆسەپێنەرە تاکڕەوەکان کە بەردەوام هەوڵیان داوە بۆ لەقاڵبدانی عەقڵ و ویژدانی خەڵک، لە ڕێگای سەرکوتکردن و

---

٤٤ هەمان سەرچاوە، ل٩٤.

داگیرکارییی شاراوە بۆ سەر عەقڵی هاوولاتیان کە لە دامودەزگاکانی دەوڵەتدا پیادەی
دەکات بە ئایدۆلۆژییەتێکی تایبەت. یاسین لەو بڕوایەدایە کە ئەم پەیڤینە گەردوونییە
دەبێتە هۆی بنیاتنانی هەستێکی مرۆیی نوێ کە لەسەر بنەمای ئازادی و لێبوردەیی و
تێگەیشتنی بەرامبەر دامەزرابێت، ئەم شنەبایەش دەبێتە هۆی ڕامالینی هەموو
بۆچوونێکی توندڕەوانەی نەتەوەیی و ئایینی). [٤٥]

لەو سیستمە جیهانییەی کە لە دوای شەڕی سارد بنیاتنرا، ڕاستەوخۆ هەستمان
بە گەشەکردنی ئەم دید و بۆچوونە کرد، ئەمەش لە ڕووی تیۆرییەوە لەسەر دەستی
(فۆکۆیاما) بنیات نرا لە کتێبی (کۆتایی مێژوودا) (کە باس لە لیبڕالیزمی ڕۆژئاوایی
دەکات وەک سیستمێک بۆ ڕزگارکردنی مرۆڤایەتی لە هەموو تاکڕەوی و ناخۆشییەک و
بنیاتنانی جیهانێکی نوێ کە تیایدا تاکەکان هەست بە ئازادی و خۆشگوزەرانی
دەکەن).

فۆکۆیاما لەم ڕێگەیەشەوە پێشنیاری شوناسێکی کرد کە بە بڕوای ئەو توانای
زاڵبوونی هەیە بەسەر هەموو تایبەتمەندییە کولتوورییەکان، فۆکۆیاما کولتووری
ڕۆژئاوایی بە تەنها کولتوورێک دەزانێت کە ببێتە کولتووری و لەم ڕێگەیەشەوە
شوناسێکی بنیات بنێت.

لە گوندی گەردوونیدا سەرکردەکانی بەجیهانیبوون پێویستە مەشخەڵی ڕێگەیەک
بگرن بۆ ئەوەی نوێنەرایەتی ئەم گوندە گەردوونییە بکەن کە هەموو نەتەوە و گەلانی
سەرگۆی زەوی لەخۆبگرێت و لە چوارچێوەی سیستمێکی هاوبەشدا کۆببنەوە کە
خاوەنی ئەخلاقێکی مەدەنیی بێت و سەرکردایەتییەکی ڕووناکبیری هەبێت کە
ڕێبەرایەتی گەلان بکات بۆ بەئەنجام گەیاندنی گفتوگۆیەکی نێودەوڵەتیی
یەکگرتوو. [٤٦]

<hr>

٤٥ هەمان سەرچاوە، ل٩٤.

٤٦ أحمد مجدي الحجازي، العولمة وتهميش الثقافة الوطنية، ص١٢٦.

کاریگه‌رییه‌کانی به‌جیهانیبوون له‌سه‌ر شوناس به‌ دوو ئاراسته‌یه‌، له‌لایه‌ك بووه‌ته‌ مایه‌ی دڵه‌راوكێ و ترس، له‌لایه‌كی تریش مایه‌ی گه‌شبینییه.

ئه‌گه‌ر سه‌یری زۆربه‌ی فه‌یله‌سوفانی مێژوویی بكه‌ین، هه‌ر له‌ (ئۆمنت و جۆن ستیوارت) هه‌تا (كارل ماركس و ئه‌نتۆنی گیدنز)، به‌ گه‌شبینییه‌وه‌ سه‌یری ئاینده‌ی مرۆڤایه‌تییان كردووه‌ و له‌و بڕوایه‌دا بوون كه‌ سه‌رئه‌نجام به‌سه‌ر هه‌موو سنووره‌ نه‌ته‌وه‌ییه‌كاندا باز ده‌ده‌ن و دواجار به‌ره‌و كولتوورێك هه‌نگاو ده‌نێت، له‌م ڕوانگه‌یه‌شه‌وه‌ ده‌توانین به‌جیهانیبوونی بازاڕ و ده‌سه‌ڵات و هۆكاره‌كانی په‌یوه‌ندی ببینین، كه‌ ئه‌مه‌ش له‌ خزمه‌ت به‌هێزبوونی تێڕوانینه‌ جیهانییه‌كاندایه، لێره‌شه‌وه‌ سنووره‌كان فراوان ده‌بن، كه‌ ئه‌مه‌ش ده‌بێته‌ مایه‌ی زیادبوونی هۆشیارییی تاك به‌ سووده‌كانی هاوكارییی نه‌ته‌وه‌كان له‌ ڕێگه‌ی ده‌زگا لۆكاڵییه‌كان و داموده‌زگا جیهانییه‌كان.[47]

زۆر له‌ تیۆریسانی بواری به‌جیهانیكردن مژده‌ی ئه‌وه‌یان ده‌دا، كه‌ له‌ زه‌مه‌نی به‌جیهانیكردندا له‌به‌ر ئه‌وه‌ی كۆتایی به‌ ڕژێمه‌ تاكڕه‌وه‌كان دێت و دیموكراسی باڵ به‌سه‌ر جیهاندا ده‌كێشێت، كه‌واته‌ قۆناغێكی نوێی ژیانی مرۆڤایه‌تی ده‌بێت له‌ ئارامی و ئاسایش و خۆشگوزه‌رانی، چونكه‌ به‌شێكی زۆر له‌ لێكۆڵه‌ره‌وانی بواری سیاسی وایان له‌ قه‌ڵه‌م ده‌دا كه‌ كۆتاییهاتنی جه‌نگی سارد ده‌ستپێكردنی زه‌مه‌نێكی نوێیه‌ له‌ ژیانی مرۆڤایه‌تی و مانای كۆتایی نه‌هامه‌تییه‌كانی مرۆڤ ده‌گه‌یه‌نێت، هه‌روه‌ك فۆكۆیاما له‌ كتێبی كۆتایی مێژوودا باسی ده‌كرد، له‌م ڕوانگه‌یه‌وه‌ پێشبینی ئه‌وه‌یان ده‌كرد كه‌ چه‌سپاندنی مافه‌كانی مرۆڤ ده‌بێته‌ سیمایه‌كی ئه‌م جیهانه‌ نوێیه‌ و له‌ ڕێگه‌ی ڕێكخراوه‌ نێوده‌وڵه‌تییه‌كانی سه‌ر به‌ نه‌ته‌وه‌ یه‌كگرتووه‌كانیشه‌وه‌ ئه‌م باروودۆخه‌ زۆرتر له‌ ئارامی و چه‌سپاندنی دیموكراسی ده‌كات.

ئه‌گه‌ر ئه‌مه‌ ڕاست بوایه‌ ئه‌وا به‌جیهانیكردن یان به‌ گه‌ردوونیبوون (globalization) ئه‌و پرۆسه‌یه‌ ده‌بوو به‌وه‌ی به‌ربه‌ست و سنووری نێوان ده‌وڵه‌تان

___

47 بیانوریس، حكم عالمي ومواطنون عالميون، ص222.

و گەلان هەڵدەگیرایە و گەلان لە حاڵەتی دابڕان و پەرتەوازەیی دەچوونە دۆخی یەکبوون و یەکگرتن، لە حاڵەتی ململانێوە بۆ حاڵەتی ڕێکەوتن، حاڵەتی هۆشیاری و بنەمای بەهایەکی یەکگرتوو دروست دەبوو لەسەر بنەمای ڕێکەوتنێکی مرۆیی گشتی ^(٤٨).

ئەگەر بەجیهانیکردن بەو ئاراستەیەدا هەنگاوی هەڵبگرتایە کە بڵاوکردنەوەی بەهاکانی دیموکراسی و لێبوردەیی و مافەکانی مرۆڤ و هۆشیاریی مەدەنییە لە ڕێگەی ڕێکخراوەکانی کۆمەڵگەی مەدەنییەوە، ئەوا ئەمە دەبووە هەنگاوێکی گەورە لەپێناو دروستکردنی کولتوورێکی جیهانیی بەتایبەتیش لەسەر ئاستی سیاسی.

کێشەی ئافرەت و کەمە نەتەوەکان و سەروەریی یاسا و کولتوور و کارگێڕیی، یەکێکن لە پێکهاتە گرنگەکانی کولتووری هەریەک لە گەلانی جیهان بەتایبەتیش لە ڕێگەی بەشدارییان لە نەتەوە یەکگرتووەکان و ڕێکخراوە تایبەتییەکانیدا، بۆ نموونە وەک بەشدارییان لە کۆنگرەکانی (کۆنگرەی باڵای گەشەپێدانی زەوی).

هەروەها ئەمڕۆ ڕێکخراوەکانی کۆمەڵگەی مەدەنی کە لە هەموو سووچێکی جیهاندا بڵاوبوونەتەوە و ڕۆڵیان هەیە لە گرنگیدان و بڵاوکردنەوەی ئەو چەمکانەدا، بەتایبەتیش لەو جێگایانەدا کە جاران دابڕاو و پەراوێزخرابوون، بەڵام ئەمڕۆ دەبینین کە بەشێکن لە گوندی گەردوونی، یان پشت دەبەستن بەوەی ئەمڕۆ کە پێی دەوترێت (دیموکراسیەتی ئەلیکترۆنی) کە پشت بە ئینتەرنێت دەبەستێت، دەتوانرێت ئەمەش بەکاربهێنرێت بۆ لەخۆگرتنی ژمارەیەکی زۆر لەو جەماوەرەی کە ڕۆڵیان هەیە لە دروستکردنی بڕیارە ئاڵۆزەکان^(٤٩).

بەجیهانیبوون کۆمەڵێک زانیاری و فیکری نوێ بەرهەم دەهێنێت بە هەموو جیهاندا پەخشی دەکات بەشێوەیەک کە لەوەوپێش لە ئارادا نەبووە، گواستنەوەی ئەم زانیارییانە جۆرێک لە هۆشیاریی نوێ بەرهەم دەهێنێت، بەرهەمهێنان و بڵاوکردنەوەی

---

^{٤٨} أحمد مجدي الحجازي، العولمة وتهميش الثقافة الوطنية، سەرچاوەی پێشوو، ل١٢٦.

^{٤٩} د. حيدر ابراهيم، العولمة وجدل الهوية الثقافية، مصدر سابق، ص١١٩.

بەردەوامی ئەم زانیارییانە جۆرێك لە یەكبوون لە نێوان خەڵكدا دروست دەكات، بەتایبەتی لە ئاستێكی جیهاندا (بەئەمریكاییكردن)، كە ئەمەش بواری خۆشییەكانی مرۆڤ و گرنگییەكانی ژیانی دەگرێتەوە.

هەمبەرگر لە ماكدۆنالّدا ئێستا لە هەموو شوێنێك هەیە، لە پەكین و بۆینس ئایرس و زۆر شوێنی تر، هەناردەكانی مۆسیقا و زمان بۆ سەر كولتوورەكانی پاریس و سەنگافورە، لە هەمان كاتدا دەبینین كە هێرشی فیكر و بەها دەرەكییەكان بوونەتە مایەی دروستكردنی بەرگرییەكی بەهێز لە بەها و شێوازە تەقلیدییەكانی ژیان، لەلایەكی ترەوە ڕێكخراوە ناحكومییەكان هاوكاربوون لە دروستكردنی تێڕوانینێكی گەردوونی و جیهانیدا، لەهەمان كاتدا دەتوانن بەرگری لە بەها و كێشەكانی ئەو هاوولّاتیانە بكەن كە لەبەرامبەر تێڕوانینە جیهانییەكەدا نامۆبوونیان بۆ دروست بووە ^(٥٠).

ڕێكخراوە ناحكومییە جیهانییەكان و تۆڕی ڕێكخراوەكانی، توانای خۆیان سەلماندووە لەوەی كە توانایەكی زۆریان هەیە لەسەر جوڵاندنی خەڵك و سەرچاوەكانی كار لە جیهاندا لە كۆمەلّێك گرفتی گشتی و گرنگدا، واتە توانیویانە ڕۆلّی بەرچاویان هەبێت لە پشتیوانیكردن لە كۆمەلّێك كێشەی مرۆیی و توانیویانە لە ئاستێكی جیهانیدا تەعبیری لێ بكەن، بەتایبەتیش ئەوەی پەیوەندی بە كار و پاراستنی مافی كرێكاران و باشكردنی گوزەران و زۆرجاریش داكۆكیكردن لە مافی گەلان و وەستانەوە دژ بە تاكڕەوی و دیكتاتۆریەتی هەندێك لە ڕژێمەكان هەیە، لەم ڕووەوە ڕۆلّی بەرچاویان هەبووە لە دروستكردنی فشاری جۆربەجۆر بۆ چارەسەركردنی گرفتەكان، یا خۆپیشاندان لە بەرامبەر كۆنگرە جیهانییە گەورەكانی وەك هەشت ولّاتە پیشەسازییە گەورەكەی جیهان، یان ئەو فشارە گەورەی كردیان لە ئاستێكی جیهانیدا بۆ ڕێگرتن لە

---

٥٠ رافيد براون، العولمة والمنظمات غير الحكومية وعلاقات القطاعات المتعددة، بحث في كتاب الحكم في عالم يتجه نحو العولمة، ص٣٧٦.

لـوغمی ژێـر زەوی لەکاتێـکدا کـە زۆر لـە حکومەتـە نەتەوەییـەکان داوای مانـەوەیان دەکرد.

ئـەو گرووپانـەی کۆمەڵگـەی مـەدەنی کـە رۆیشـتن بـۆ سیاتێڵ و خۆپیشـاندانی گەورەیان کرد، بوونە هۆی ئەوەی کە بازنەی گفتوگۆکانی رێکخراوی بازرگانیی فراوان بکەن و لەم پێناوەشدا رێکخراوەکان فشاری زۆریان کرد کە گرنگی زیاتر بدرێت بە مافی کرێکاران و پاراستنی ژینگە.

لەلایەکی ترەوە بە هۆکاری رێکخراوەکانی کۆمەڵگەی مەدەنی دەتوانرێت کۆمەڵێک بـەها و پرانسـیپی مرۆیـی گـرنگ دابپێـژرێت بـۆ بنیاتنـانی کولتـوورێکی جیهانیی هاوبەش.^(٥١)

بـەڵام ئەگـەر سـەیری واقیعـی ژیانی تاک بکـەین لـە کۆمەڵگە ناپرۆژئاواییەکاندا، دیموکراسـیەت و مافـەکانی مـرۆڤ و مافـەکانی ئـافرەت وەك بەهایـەکی مرۆیـی سـەیر دەکـرێن، ئـەمانـەش لەراسـتیدا بەرهـەمی خـەباتێکی درێـژی گەلـە جۆربـەجۆرەکان و شارستانیەتییە جیاوازەکان بووە، بە پێچەوانەی هەندێك بۆچوونەوە کەوا دەزانن ئـەم بەها مرۆییانە بەرهـەمی کولتـووری رەگـەزێکی تایبـەتین، وەك هەندێك لە رۆشنبیران باسی دەکەن.

ئەگـەر سـەیر بکـەین ئـەمرۆ ژمارەیـەکی زۆر لـە حیـزب و نەتـەوە و بزووتنـەوە و رۆشنبیر و کەسایەتی جیاواز هەیە کە برِوایان بە مافەکانی مرۆڤ و مافەکانی ئافرەت و کۆمەڵگەی مەدەنی و گەشەپێدانی ئابووری و مۆدێرنیزەکردنی کۆمەڵگاکانیان هەیـە، بەڵام مەرجەعەیەتیان لیبراڵیەتی رۆژئاواش نییە، لەبەر ئەوە ئەمرۆ ئێمە جۆرێکی تر لە چاکسازی دەبینین، کە ئەویش کارکردنە لەپێناو جێبەجێکردنی ئـەم چەمکانـەدا، بەڵام مەرجەعیەتێکی کولتووریی تایبـەت نەك رۆژئاوایی، هەندێك لە بیرمەندانی رۆژئاوا هەستیان بە ئەم راستیە کردووەو لەمەش رازی نین، چونکە ئەوان پێیان خۆش نییـە

---

٥١ هەمان سەرچاوە، ل ٣٩٠.

کولتووری ڕۆژئاوا ببێتە چوارچێوەیەك بۆ شوناسی گەلانی تر، بەڵام لە دەرەوەی جیهانبینی ڕۆژئاواییدا.

ئێستا ئەم دیدە نوێیە بۆ دیموکراسی و کۆمەڵگەی مەدەنی لە گەشەسەندندایە، لەبەر ئەوە دەبینین زۆربەی گەلە ڕۆژئاواییەکان دەیانەوێت لەبەرامبەر ئەویتری ڕۆژئاوایی خاوەنی شوناسی خۆیان بن و ڕێگە نەدەن کە بە ئاسانی ڕۆژئاواییبوون هەژموونی خۆی بەسەریاندا بسەپێنێت.

ئەم دیاردەیە بەتایبەتی ئێستا لەناو گەلە ڕۆژهەڵاتییەکاندا دەبینرێت، یابانییەکان بە پێشڕەوی ئەم بۆچوونە نوێیە دادەنرێن، کە دەیانەوێت شوناسی یابانیبوون بکەن بە بەری بەرهەمی تەکنەلۆژی و بۆچوونە ڕۆژئاواییەکان لەمەڕ زۆر دیاردەی ژیان لە ڕووی ئابووری و سیاسی و کۆمەڵایەتییەوە، پاشان بە وێنەیەکی تر لە شوناسی یابانیبوون وێنەی دەکێشنەوە و دەیکەنە بەرگێکی نوێ بۆ کۆمەڵگەی یابانی وەك (هاتینتگتۆن) وتی شوناس لەم سەدە نوێیەدا ڕۆڵی گرنگ پەیدا دەکاتەوە و شارستانیەت و ئاینیش ڕۆڵی گرنگ دەبینن لە دارشتنەوەی شوناسدا، نەتەوە مسوڵمانەکانیش ئێستا لە هەنگاوناندان بەرەو بنیاتنانی ئەو شوناسە، کۆمەڵێك بیرمەندی نوێ و بزاڤی نوێ دروست بوون کە جەخت لەسەر پێکهاتەکانی شوناسی کۆمەڵگاکانیان دەکەنەوە لە نەتەوە و ئاین و شارستانیەت، بەمەش دەیانەوێت وێنەیەکی نوێ بدەن بە شوناسی کۆمەڵگە، ئەو بزاڤە سیاسییانەش کە بەم ئاراستەیە بیردەکەنەوە لە گەشە و بەرەوپێشچووندان، بەڵام ئەو بزاڤانەی کە لە بازنەیەکی دیاریکراودا دەخولێنەوە و توانای بەرهەمهێنانی فیکری تازە و نوێبوونەوەیان نییە، بە هەردوو باڵی ئیسلامیی و عەلمانییەوە لە پاشەکشە و پەراوێزبووندان، لەبەر ئەوە چاکسازی لە فیکری سیاسی و دەسەڵات و حیزبە سیاسییەکانی ئیسلامیدا پێویستییەکی هەنووکەییە و پێویستە بە ئاراستەیەکی نوێ دید و تێڕوانینەکانیان دابڕێژنەوە و لە بازنەی شوناسێکی نوێدا کاربکەن، کە ئایدۆلۆژیابوون تێ بپەڕێنێ و بگاتە بازنەیەکی فراوانتر لە خوێندنەوەیەکی مرۆییانە بۆ چەمکەکانی ژیان. لەکاتێکدا

کە مرۆڤ مامەڵە لەگەڵ بەجیهانیبووندا دەکات واتە لە فەزایەکی نوێدا کار دەکات، بەتایبەتی لە ڕۆژگاری ئەمرۆدا کە هەموو شتەکان بەرەو بەبازاڕیبوون دەچێت و دەیانەوێت کۆمەڵگای مرۆڤایەتی بەرەو کۆمەڵگەیەکی بەکاربەر بەرن، واتە جیهان دابەش بکرێت بەسەر دوو ئاستی تایبەتی، ئاستی بەکاربەرەکان کە کۆمەڵگاکانی باشوورن، بەرهەمهێنەرەکان کە کۆمەڵگا ڕۆژئاواییەکانن.

هەندێک لە تیۆریسانی وەک ئۆمای لەوباوەڕەدان کە ئەم سەردەمە (کۆتایی قۆناغی سەردەمی دەوڵەتی نەتەوەییە)، ئەم سەدە نوێیە چاخێکی مێژووی نوێیە کە هێزێکی بازاڕیی هەژموونی تیادا پەیدا دەکات، کە سەر بە ڕۆژئاوایە و نەیارەکانیان لە حکومەتەکان و ئابوورییە نەتەوەییەکان هیچ توانا و دەسەڵاتێکیان لە بەرامبەریاندا نییە [52].

دکتۆر موحەممەد عابد ئەلجابری دەڵێت: (بەجیهانیبوون، جیهانێکە بەبێ دەوڵەت، بەبێ نەتەوە، بریتییە لە دەزگا و تۆڕەکان، (بکەرەکان) کە خاوەن بڕیارن و (کارتێکەرن) لەگەڵ بەکارهێنەرانی خواردن و خواردنەوە و لە قوتونراو و وێنە و (زانیاری) و بزووتن و دانیشتن... کەبەسەریاندا دەسەپێنرێت. نیشتیمانیان (گەردوونی سبرنیتی)یە کە تۆڕەکانی پەیوەندی بۆیان دیاری دەکات و (ئابووری و سیاسەت و کولتوور) لەخۆدەگرێت [53].

لەبەرئەوە، ئەگەر بەپلانێکی ستراتیژییەوە مامەڵە لەگەڵ ئەم حاڵەتەدا نەکرێت، ئەوا تاکێکی بێبەرنامە دروست دەبێت، کە هەریەکە بە بیانوویەك دەگەڕێتەوە بۆ بازنە بچووکەکانی ئینتیما، یان بەرهەمهێنانی گرووپی توندڕەو و دروستبوونی مەزهەبێکی توند و داخراو و پەراوێز لە گۆڕانەکانی جیهان، ئەگەر سەرنج بدەین ئەمە بە ئاشکرا دەبینین، کە زۆرجار گەڕانەوە بۆ خێڵ و گرووپی نەتەوەیی توندڕەو و سەرهەڵدانی

<hr>

[52] بیانوریس، حکم عالمي ومواطنون عالميون، بحث في كتاب الحكم في عالم يتجه نحو العولمة، مصدر سابق، ص٢٢٢.

[53] محمد عابد الجابري، قضايا في الفكر العربي المعاصر، مصدر سابق، ص٤٨.

گرووپـی توندرەوی جۆربـەجۆر، وەڵامدانەوەیـەکی بێبەرنامـە و تێنەگەیشـتنە لـە ئامانجەکانی ئەو فەزا نوێیە جیهانییەی کە دروست بووە.

شلەژانی ئەم کۆمەڵگایانە، لەوێوە سەرچاوە دەگرێت کە ئەمان خاوەنی بەرنامە و تەکنەلۆژیا و هۆکاری ئەوتۆ نین هەتا لە ئامانجی جیهانە نوێیەکە تێبگەن، دواکەوتوویی و نەبوونی هۆشیاریی کۆمەڵایەتی و لاوازیی دیموکراسی و تاکڕەویی سیاسی، وای کردووە کە تاکەکانی ئەم کۆمەڵگایە هەتا ئێستاش لە بازنەیەکی زۆر بچووکدا بژین، کە تەنها بیرکردنەوە بێت لە دابینکردنی مافە سەرەتاییەکانی تاک، هەتا ئێستاش بێبەشە لێی، لە بەرامبەریشدا ڕۆژئاواییەکان بەتایبەتی ئەمریکییەکان، بە کۆمەڵێک دەزگا و هۆکاری نوێوە دادەبەزنە گۆڕەپانی ململانێوە، بە کۆمەڵێک بەهاو نوێوە، کە تەعبیر لە بۆچوونە سیاسی و ئابووری و کۆمەڵایەتی و کولتوورییەکانی دەکات، لە بەرامبەریشدا هیچ هۆکارێکی تەعبیرکردن لە خود و شوناس نابینین، لەبەرئەوە دواجار، هێزەکانی بوون وەک بەشێک لە داگیرکاری ڕاڤە دەکەن.

ئەگەر نەتەوەیەک بەبێ پلان و ستراتیژیەت بچێتە ناو کایەی بەجیهانیبوون، ئەوا تووشی جۆرێک لە هەڵوەشان و پەرتەوازەیی دەبێت و ناتوانێت مامەڵە لەگەڵ دەستەواژەی شوناسی بکات، چونکە دواجار ئەو شوناسە دەیەوێت تۆ بکات بە بەشێک لە خۆی، نەک تۆ تاکێکی بەشداربیت بەتایبەتمەندی خۆتەوە لە داڕشتنی ئەو شوناسەدا.

شوناسی جیهانیی، شوناسێکی ئەبستراکت و دابراو نییە لە ئایدۆلۆژیا و کولتوور و شارستانیەت و مێژووی ئەوی تر، بەڵکو ئەویش لە ژێر کاریگەریی ئەو کۆمەڵگەیەدایە، کە لێیەوە سەرچاوە دەگرێت، بیرمەندە ئەکادیمی و سیاسییەکانی هەر وڵاتێک نەوەی ژینگەکانی خۆیانن، لەبەرئەوە ئەو ژینگەیە لەسەر پەروەردەی عەقڵی و دەروونی و ئەخلاقیات هەیە ئەو شوناسە جیهانییەش کە زۆرتر لە ژێر کاریگەریی پێنکهاتە و ئاستی فیکری و ڕۆشنبیری و تەکنەلۆژیی کۆمەڵگەی ئەمریکادایە، کـە ئـەم کۆمەڵگەیەش کۆمەڵگەیەکی بـێ مێژوو و شارستانیەت و نەتەوەیە، ئەمـەش بـەمانا

مێژووی و ئایدۆلۆژییەکەی ڕاستە، لەبەرئەوە دەبینین هەموو دەستەواژەکانی کۆتایی ئایدۆلۆژیا و کۆتایی مێژوو پۆستی هەموو دیاردەکان سەرچاوەی سەرەکییان ئەمریکایە، لەبەر ئەوە تۆ دەبێت بزانیت پێکهاتەی ئەم دوو کۆمەڵگەیە جیاوازن، چونکە لە دەرەوەی ئەمریکا کولتوور و شارستانیەت و مێژوو شوناس و ئاین هەیە، لەبەرئەوە دەبێت هەڵگری شوناسەکان لە دەرەوەی ئەوان، جۆرێکی تر بێت و رەنگێکی تری هەبێت.

چونکە کاتێک کە تۆ وا دەزانی هەڵگری شوناسێکی، بەڵام بێ ئەوەی بە خۆت بزانیت تۆ چوویتە ناو بازنەی شوناسێکی تر، کە بەردەوام ئەو بە چاوێکی کەمتر سەیرت دەکات و تۆش دەکاتە بەشێک لە داینەمۆی بەگەڕخستنی ویستەکانی خۆی و دەچیتە خزمەت ئەویتر لە ڕووی تەکنەلۆژی و شارستانی و ئایننییەوە.

لە کتێبی (سەرکەوتنی بێمانا)دا فەیلەسوفی فەرەنسی (کورنلیس کوستر یادسیس) تێبینی ئەوە دەکات کە ئەم جیهانەی ئێمە تێیدا دەژین، دیاردەیەکی نوێ و سەیر و سەمەرەیە لە مێژووی مرۆڤایەتیدا، ئەویش بریتییە لە هەڵوەشانی مەرجەعیات و سەرچاوەکانی مانا و مەبەستەکان.[٥٤]

دروستبوونی ئەو شوناسە جیهانییە بەو مانایەی کە باسمان کرد کە تاک دابڕێت لە هەموو باکگراوندێکی ئاینی و کولتووری و نەتەوەیی و مێژوویی و شارستانی، مرۆڤێکی بێباك و کەمتەرخەم و پەراوێز لە ژیاندا دروست دەکات، خۆی ناکاتە خاوەنی کێشەکانی نەتەوەکەی، بەڵکو تاکێکی پراگماتی لێ دروست دەبێت و تەنها بە شوێن قازانج و خۆشی و باشیی گوزەراندا دەگەڕێت. لە ڕاستیدا ئەوەی کە ئێستا پێی دەڵێن شوناسی جیهانیی، بوونی نییە، بەڵکو ناوێکە پێچڕاوەتە ئایدۆلۆژیای ڕۆژئاوا کە مەرجەعیەتی لیبراڵیزم و شارستانیەت و مێژوو و ئاینی ڕۆژئاوایە بە کۆمەڵێك ریفۆرمی نوێوە، کە ئامانجی دروستکردنی کۆمەڵگەیەکی جیهانییە وەك ئەوەی کە پێی دەڵێن کۆمەڵگەی بازاڕی گەردوونی.

---

٥٤ د. السيد ولد اباه، اتجاهات العولمة، سەرچاوەی پێشوو، ل١٣٣.

بەجیهانییبوون شێوازێکی نوێیە بۆ بەرەوپووبوونەوەی شارستانیەتییەکانی تر بە
جۆرەها هۆکار، چونکە رۆژئاوا بڕوای بە فرەکولتووری نییە و رێز لە بنەماکانی یاسای
نێودەوڵەتی و سروشتی پەیوەندییە نێودەوڵەتییەکان ناگرێت، بەڵکو دەیەوێت
هەژموونی خۆی بەسەر هەموو کولتوور و شوناسەکاندا بسەپێنێت بە ناوی کولتووری
یان شوناسی جیهانییەوە، ئەمەش بە ئاشکرا لە خستنەڕووی تیۆری ململانێی
شارستانیەتەکاندا دەبینرێت کە هانتینگتۆن پێشنیاری کردووە، واتە ململانێ لە
جیاتی گفتوگۆ و هەژموون لە جیاتی پێکەوەژیان، ئەو ترسەی کە هانتینگتۆن باسی
دەکات لە شارستانیەتییەکانی تر، بە تایبەتیش دژی شارستانیەتی ئیسلامیی، لەوەوە
سەرچاوەی گرتووە کە ئێستا بزاڤێکی جەماوەری جیهانی لە ئیسلامیدا لە
سەرهەڵداندایە کە دەگەڕێت بە شوێن شوناس و کولتووری ئیسلامیدا و ڕازی نابێت بەو
هەژموونەی کە ئێستا رۆژئاوا دەیەوێت لە رۆژهەڵاتدا بیسەپێنێت.

هانتینگتۆن لە وتەیەکیدا دەڵێت: (وڵاتانی ناڕۆژئاوایی ناتوانن بچنە نێو تۆڕی
چنراوی رۆژئاواوە هەر چەند ئەوانە کەلوپەلی رۆژئاوایی بەکاربهێنن و لاساییی ئەخلاقی
ئەمریکی بکەنەوە و گوێ لە مۆسیقای رۆژئاوایی بگرن، گیانی هەموو شارستانیەتێک
بریتییە لە زمان و ئاین و کولتوور و ترادسیۆن، شارستانیەتی رۆژئاوایش بەوە
جیادەکرێتەوە کە لەسەر پاشماوەی شارستانیەتی یۆنانی و رۆمانی و مەسیحیەتی
رۆژئاوایی بنیات نراوە، بنچینەی زمانی گەلانیشی لاتینییە، جیاکردنەوەی ئاین لە
دەوڵەت و باڵادەستی یاسا و فرەیی لە سێبەری کۆمەڵگەی مەدەنیدا و پەیکەری
نوێنەرایەتی و ئازادییەکانی تاک سیمای ئەم شارستانیەتەیە)[55].

هانتینگتۆن بێهیوا دەبێت لەوەی کە کولتووری رۆژئاوا ببێتە کولتوورێکی
جیهانیی، لەجیاتی ئەوە پێشنیاری ململانێی شارستانیەکان دەکات بە سەرکردایەتی
ئەمریکا و دەڵێ: (نوێگەری و گەشەی ئابووریی نابنە مایەی ئەوەی کە
بەرۆژئاواییبوون دروست بکەن، بەڵکو بە پێچەوانەوە دەبنە مایەی ئەوەی کە ئەو

---

55 د. عبدالعزیز بن عثمان التویجري، الحوار والتمایز، سەرچاوەی پێشوو، ل68.

گەلانە زۆر تر پەیوەست بن بە کولتووره ڕەسەنەکانی خۆیانەوه، لەبەر ئەوه ئێستا کاتی ئەوه هاتووه که ڕۆژئاوا واز له خەیاڵاتی بەجیهانیبوون بهێنێت، بەڵکو پێویستە گەشـە بـە هێـزی شارسـتانیەتەکەی و زینـدووێتی و گونجـان بـدات لـه بەرامبـەر شارستانییه جیهانییەکانی تردا). ئەمـەش پێویستی بە ئەوه هەیه که ڕۆژئاوا یەك بگرێت بە سەرکردایەتی وڵاتە یەکگرتووەکانی ئەمریکا و وێنەیەکی یەکگرتووی ڕۆژئاوا دروست بکات له چوارچێوەی کولتوورێکی پێکەوه گونجاو.[٥٦]

بەپێی ئەم بۆچوونانە، بەجیهانیبوون نابێتە هۆی ئارامی و ئاسایشی جیهـان، بەڵکو جۆرێك له ململانێ و ناکۆکی دروست دەکات، لەجیاتی دروستکردنی شوناسێکی جیهانیی، ئێستا بووەته سەرچاوەیەك بۆ ململانێی نەتـەوەکان و شوناسـه مەزهـەبی و ئاینی و کولتوورییەکان.

چونکه کولتووری ڕۆژئاوا لـه بنچینەدا بریتییـه لـه خوێندنـەوەی ئـەویتر لەوێنـەی دوژمندا، نەك وەك یەکەیەکی فیکری و کێبەرکێی شارستانی، لەجیاتی ئـەوەی ڕۆژئاوا شوناسێکی جیهانیی دروست بکات، بەڵکو بە ئاراستەیەکی پێچەوانه هـەنگاو دەنێت، که ئەویش گەشەکردنی راسیزم و ڕقربوونی ڕق له پەنابەران و دروستکردنی وێنەیەکی ناشیرین بۆ گەله ناڕۆژئاواییەکانه.

لەمبارەوه ئەنتۆنی سمیس دەڵێت: (هەتا ئێستاش ئێمه دوورین لـه دروستکردنی نەخشەیەك که تیایدا وێنەی کولتوورێکی جیهانیی بکێشین).

لەکاتێکدا که بنیاتنانی نموونەیەکی جیهانیی بۆ شوناس بەرەو شکست هـەنگاوی نا، هـەروەها لەبەرامبـەر هـەژموون و کەنارخسـتنی کولتوورەکانی تـر، لـه زۆربـەی شوێنەکانی تری جیهان ڕابوونێکی نوێی ئاینی و نەتەوەیی سەری هەڵدا، که ئـەویش سەرچاوەی بەشێکی زۆر لـه ئـەو جـەنگ و ناکۆکیانـه بـوو کـه لـه چارەکی کۆتـایی سەدەی پێشوو ڕوویاندا و سەرەتای ئەم سەدەیەش هەر بەردەوامن.

____

[٥٦] هەمان سەرچاوه، ل٦٨–٦٩.

لەمبارەیەوە hirst و تومبوون دەڵێن: (دەوڵەتی نەتەوەیی لەم سەردەمە نوێیەدا پارێزگاری لە هێزی خۆی دەکات، ئێستا ئاراستەکە لەپێناو گەشەی کۆمەڵە هەرێمایەتییەکاندایە، دەوڵەتە نەتەوەییەکان ڕۆڵی سەرەکی تیادا دەبینن، نەک سیستمێکی جیهانیی بێت و بەسەر هەموو دەوڵەتاندا دەسەڵاتی بکێشێت)[57].

ئەو هەوڵانەی کە دران لەلایەن وڵاتانی ئەوروپییەوە بۆ دروستکردنی یەکێتیی ئەوروپا بۆ ئەم مەبەستەش چەندان خەون و هیوای گەورەیان لەسەر ئەم یەککرتنە دانابوو، ئەویش لەپێناو دروستکردنی شوناسێکی یەکگرتووی ئەوروپیدا، بە تایبەتیش لە دوای لێدانی دراوی یۆرۆ بۆ ئەوەی ببێتە هێمایەك بۆ یەکگرتوویی ئابووریی نێوانیان، بەڵام سەرەڕای ئەو هەوڵانە ئێستاش نەتوانراوە زاڵبن بەسەر کۆمەڵێك جیاوازییدا، بەتایبەتیش لەڕووی شوناسەوە، چونکە شوناسە لۆکاڵییەکان ئامادەنین واز لە شوناسی خۆیان بهێنن و تێکەڵ بن بە شوناسی ئەوروپی، بەڵکو هەریەکەیان دەیانەوێت کە شوناسی خۆیان پارێزراو بێت و گەشە بە شوناسە لۆکاڵییەکان بدەن، ئەمەش بەڕوونی لەلای فەرەنسییەکان و ئەڵمانییەکان و بەریتانییەکان دەبینرێت.

پاراستنی شووناس و تێڕوانینێك بۆ داهاتوو

شوناس کۆمەڵێك تایبەتمەندییە کە تاکێك جیا دەکاتەوە لە یەکێکی تر، کۆمەڵێك سیمای تایبەتی هەیە کە پێکهێنەری جەوهەری ئەو تاکەیە، لە کۆی ئەو تاکانەش کۆمەڵگەیەك دروست دەبێت کە لە سیما گشتییەکاندا وێنەی هەموو تاکەکان لەخۆ دەگرێت، ئەمانە نەگۆڕ و چەسپاون، لەسەر ئەم بنەمایەش جیاوازییەکان دەبینرێن و لێرەشەوە شارستانیەتییە جیاوازەکان دروست بوون کە هەریەکەیان تایبەتمەندی خۆیان هەیە، سەرەڕای ئەوەی کە لە کۆمەڵێك سیفاتی گشتیدا هاوبەشن، بەڵام لە ناو

---

[57] بیبانوریس، حکم عالمي ومواطنون عالمیون، في کتاب الحکم في عالم یتجه نحو العولمة، سەرچاوەی پێشوو ل٢٢٣.

ئەو شارستانیانەشدا تایبەتمەندییە نیشتمانی و نەتەوەییەکانی تاک جیاوازن، واتە هەر شارستانیەتێک دەکرێت لە کۆمەڵێک نەتـەوە و نیشتمانی جیاواز پێک هـاتبن کە هەر یەکەیان تایبەتمەندیی خۆی هەیە.

بـەڵام ئـەمڕۆ لـە سـەردەمی بەجیهانیبووندا دەبینین کـە ئـەم تایبەتمەندییانە لەبەردەم هەرەشەی توانەوە و لەناوچووندان، چونکە ئەو فەزا نوێیە کە دروست بووە لە قازانجی فرەکولتووری و تایبەتمەندیدا نییە، بەڵکو لێرەدا یەک کولتوور هەیە کە بە ناوی کولتووری جیهانییەوە خۆی نمایش دەکات و دەیەوێت جیاوازییەکان بکوژێت.

پێشکەوتنەکانی ئێستا لەسـەر ئاستی جیهانیی و لۆکاڵی کۆمەڵێک پرسیاری ترسناك دەورووژێنن، کە تایبەتن بە زانینی چارەنووسی کولتوور وەك مەنزومەیەك لە بەها و مەعریفـەی مرۆیـی و ڕۆحـی، کـە کـار دەکـات لەسـەر بـەمرۆییکردنی مـرۆڤ و تێکەڵکردنی بە کۆمەڵگە یان کۆمەڵێکی نیشتمانی، هەندێکی تری پەیوەندی هەیە بە زانینی ئەو هەوڵانەی کە هەن بۆ پەیداکردنی هەژموونی کولتوورێك بەسەر کۆمەڵێك کولتووری تردا و خستنە ژێر ڕکێفی خۆی، هەندێکی سێهەم پرسیاری ئەو شوناسە جیهانییەیە کە هەرەشەی دروست کردووە لەسەر مەنزومەی ئەو بەها کولتووریانەی کە لە ناو هەریەك لە کۆمەڵەکاندا هەیە. [58]

(بەجیهانیبوون کار دەکات لەسـەر بەتاڵکردنەوەی شووناسی بە کۆمەڵ لـە هـەموو جەوهـەرێك بـەرەو هەڵوەشانەوە و پارچەبوونی دەبات، بۆ ئـەوەی خـەڵك بـەرەو جیهانێکی بێ نیشتمان و بێ دەوڵـەت و بـێ نەتـەوە ببات. ئەگەر ئـەوە نـەکات ئـەو چارەنووسی تووشبوونە بە شەرپێکی ناوخۆ، هـەر کـاتێکیش ملکـەچ بوویت بۆ ئـەو پەراوێزە شارستانییە، ئەوا ئێنتما بۆ نیشتمان و نەتـەوە و دەوڵـەت لەدەست دەدەیت، بەمەش شووناسی کولتووری لە هەموو ناوەڕۆکێك بەتاڵ دەبێتەوە). [59]

---

[58] د . محمد مقدادي، بدائل العولمة، سەرچاوەی پێشوو، ل١٦٦.

[59] د . محمد عابد الجابری، العولمة والهوية الثقافية، سەرچاوەی پێشوو، ل٣٠٣.

(بەجیهانیبوون بەم چەمکە دژایەتییەکی تەواوی هەیە لەگەڵ بنەماکانی یاسای نێودەوڵەتی و لەگەڵ سروشتی پەیوەندییە نێودەوڵەتییەکان، هەروەها دژایەتییەکی تەواوی هەیە لەگەڵ ئابووری و نیشتمانی و سەروەریی نیشتمانی و یاسای جیاوازیی کولتووریی، ئەگەر بەجیهانیبوون بەو ئاراستەیەی ئێستا بڕوات کە نەخشەی بۆ کێشراوە، ئەمە ئاگادارکردنەوەیەکە بۆ ئەگەری هەرەسهێنانی ئارامی و ئاسایشی جیهان، چونکە بەجیهانیبوون بەم ناوەرۆکەوە لە ڕیشەوە کار لەسەر لێدانی شوناسی کولتووری و شارستانی دەکات و بنەمای پێکەوەژیانی کولتووریی نێوان گەلان هەڵدەتەکێنێت(٦٠).

لە ڕوویەکەوە کە بەجیهانیبوون بەو شێوەیە کار لەسەر سەپاندنی شوناسێکی تایبەتی دەکات و ڕێگە لەبەردەم شوناسە لۆکاڵییەکاندا تەسک دەکاتەوە، لەبەرامبەردا جۆرێك لە کاردانەوە لەلایەن نەتەوە جۆربەجۆرەکانی جیهانەوە ڕوویداوە، کە بەشێک لەو گەلانە لە ناو خودی ڕۆژئاوا خۆیدان، لەم ڕێگەیەوە دەیانەوێت پارێزگاری لە شوناسی خۆیان بکەن و وێنەیەکی نوێ بە شوناسەکەیان بدەن، ئەمەش ئەمرۆ بووەتە مایەی دروستبوونی شەڕێکی گەرم کە هەردوو ناوەندی کولتووری و سیاسی گرتۆتەوە و زۆر جار دەگاتە ئەو ئاستەی کە شەڕی خوێناوییشی لەسەر بەرپا ببێت، لەبەر ئەوە ئێستا گەڕانەوە بۆ شوناس لە هەرکاتێکی تر زیاترە و ئەمەش لە زیندووکردنەوە و ڕابوونی ئاینەکان و شارستانیەتە جیاوازەکاندا بەئاشکرا دەبینرێت، لەبەر ئەوە بەڕۆژئاواییبوون ئێستا زۆرتر لە پاشەکشەدایە لەناو گەلە ناڕۆژئاواییەکاندا و جۆرێکی تر لە شوناس دروست دەبێت کە هەڵگری مۆدێرنیتەیە، بەڵام بە شوناسی لۆکاڵی. هانتینتگۆن دەڵێت (ساڵی نەوەدەکان تەقینەوەی قەیرانی شوناسی گەردوونی بەخۆوە بینی، چونکە سەیری هەرکەسێکت بکردایە پرسیاریان دەکرد (ئێمە کێین؟) (ئینتیمامان بۆ کێیە؟) (ئەی ئەوی تر کێیە؟) ئەمانە پرسیاری ناوەندی و جەوهەری بوون، ئەمەش نەك تەنها لەسەر ئاستی ئەو نەتەوانەی کە دەیانویست دەوڵەتی

---

٦٠ د. عبدالعزيز بن عثمان التويجري، العالم الاسلامي في عصر العولمة، سەرچاوەی پێشوو، ل٦٩.

نەتەوەیی نوێ دابەزرێنن، وەك ئەوەی لە یوغسلافیای پێشوودا هەبوو، بەڵکو لەسەرەتاشدا بەشێوەیەکی گشتی جیهان بەو شێوەیە بوو. [61]

تەنانەت لە بواری کولتووری و فیکری، سووربوونێکی زۆر هەبوو لەسەر پاراستنی شوناس و بەرەوپووبوونەوەی بەجیهانیبوونی کلتووری، ئەویش بۆ ئەوەبوو کە شێوازێکی تر بدۆزرێتەوە بۆ مامەڵەکردنی بەجیهانیبوون لەگەڵ دەزگاکانی تر.

لەسەر ئاستی وڵاتانی ئەوروپییش چەندان گەل و نەتەوەی ئەوروپی دەبینین کە هەندێك لەمانە لە سنووری یەکێتی ئەوروپادان کار لەسەر ئەوە دەکەن کە شوناس و کولتووری خۆیان بپارێزن و تەنانەت ئامادەنین لەناو کولتووری هاوبەشی ئەوروپیدا بتوێنەوە، هەندێك لە ئەوروپییەکان بەرەووی ئەوشوناسە دەوەستنەوە کە لە شارستانیەتی ئەمریکیەوە سەرچاوەی گرتووە و ئەمە بەجۆرێك لەغەز و داگیرکاری لەقەڵەم دەدەن (هوبیرفیدرین) وەزیری دەرەوەی پێشووی فەرەنسا لە کتێبی (رهانات فرنسا فی زمن العولمه) دەڵێت: بەجیهانیبوون بەشێوەیەکی ئۆتۆماتیکی خزمەت بە فەرەنسا ناکات، چونکە لەسەر بنەمایەك گەشە دەکات کە لەگەڵ ترادسیۆنی و کولتووری ناگونجێت، بەتایبەتی لە ڕووی ئابووری بازاڕدا و گومان پەیدا کردن لە ڕۆڵی دەوڵەت، تاکگەرایی بێ ئەندازە پلانڕێکی میکانیکی بۆ ئەوەی ئەمریکا ڕۆڵێکی پێویست و ببینێ (هەموو ئەمانە لەگەڵ شوناسی فەرەنسادا ناگونجێت، چونکە شوناسی ئێمە لە ڕووی مێژووییەوە لەسەر بنەمای دەوڵەتی ناوەندی بەهێز و پاشایەتی و دوایش کۆماریی دروست بووە، ئەویش لەو بیرۆکەیەوە سەرچاوەی گرتووە کە پێویستە فەرەنسا ڕۆڵێکی نەوعی بگێرێت لە جیهاندا لەسەر هەردوو ئاستی سیاسی و یاسایی، ئەمەش مانای ئەوەیە هەرووەك دەڵێت: هەرچی برژێتە ڕووباری هێز و فیکر و پرۆژە تایبەتییەکانمان بە شوناس، پێویستە بەرگری لێ بکەین، ئەویش لە ڕێگەی دبلۆماسیەت و جوڵەیەکی بەرگریی نوێوە. [62]

---

[61] صمویل هانتینغتون، صدام الحضارات، ترجمة: صلعة الشایب، سەرچاوەی پێشوو.

[62] د. محمد مقدادي، بدائل العولمة، سەرچاوەی پێشوو، ل١٨٨.

پاراستنی شوناس ئێستا بۆته سیمای گەله زیندووەکانی جیهان، ئەوگەلانەی کە خاوەن شارستانیەت و ترادسیۆن و کەلەپووریکی مێژوویی دەوڵەمەندن، ئەوگەلانەی خاوەنی ڕەوشت و بەهای بالّای مرۆیین کە دەتوانن لە بنیاتنانی کەسایەتی مرۆڤی نوێدا پشتی پیّ ببەستن، بەشداربن لە گەشەپێدانی شارستانیەتی نوێدا.

ئەم گەلانە کە پشت دەبەستن بە رابردوو ئەو دەوڵەمەندییە فیکری و شارستانییەی کە هەیانە جۆرێک لە ئیراده و بروابەخۆبوونیان بۆ دروست دەبیّت، کە بە ڕۆحیەتێکی نوێوە مامەڵە لەگەڵ جیهاندا بکەن.

(ئارسەر ئایداد ئەبل بوم) دەڵیّت: (بوونی باکگراوندێکی کولتووریی تایبەتی دەوڵەمەند، مەرجێکی پێویستە بۆ ئەوەی مرۆ بە ژیانێکی مانادار بژی، چونکه مانایەکی تایبەتی دەدات بەو جیهانه تایبەتییه و شوناسێکی کەسایەتی تەندروستی دەبیّت، چونکه کاتێک مرۆ کولتوورەکەی لەدەست دەدات، ئەمە پێکرانێکی زۆر مەترسیدارە، چونکه ئەمه دەبیّته مایەی وێرانبوونی خودی کەسایەتی، واته بوونی باکگراوندێکی کولتووریی تەندروست یەکێکه لە پێویستییەکانی کەسایەتی، هەروەها پێویسته بۆ بەرجەستەبوونی زۆر سوودی تر یان ئازادییه بەهادارەکان بۆ تاک، لەبەر ئەوه مافه کولتوورییەکان زۆر گرنگن لەسەر مافەکانی تاکەکەس).[63]

ئایا ئەگەر ئەمه تێڕوانین و هەڵوێستەکانی ئەورووپییەکان بیّت بۆ پاراستنی شوناس لە کاتێکدا کە ئەوان بەشیّکن لە شارستانیەتی ڕۆژئاوا و کولتوور و ئاینێکی هاوبەشیان هەیه، بەلّام لەهەمان کاتدا ئەیانەویّت شوناس و کولتووری خۆیان لەگەڵ شوناسی وەک ئەوەی لەجیهانیبووندا هەیه، بتوێتەوه، لەم ڕوانگەوه گەله نارۆژئاواییەکان بەتایبەتی گەله موسڵمانەکان دەبیّت هەڵوێستێکی تریان هەبیّت و به دیدێکی ترەوه مامەڵەبکەن، لە خزمەت بنیاتنانی شوناسێکی نوێدا بن کە هەڵگری تایبەتمەندیی نەتەوەکەیان بیّت لە ڕووی ئاین و مێژوو کولتوورەوه.

____

[63] أرثر ايداد- ابل بوم، الثقافة والهوية والشرعية في كتاب الحكم في عالم يتجه نحو العولمة، سەرچاوەی پێشوو، ل٤٣٥.

چۆن پارێزگاریی لە شوناس دەکەیت؟

ئەوەی گومانی تێدا نییە، کە شوناسی کولتووریی بە تایبەتمەندی و پێکهاتە و بنەماکانی، دەبێتە کایەی یەکەم بۆ ئەو گۆڕانکارییانەی کە زۆربەی ناوچەکانیان گرتووەتەوە، ئەو گۆڕانکارییانە بە پلەی یەکەم روو لە شوناس دەکەن و کاریگەرییەکی گەورەیان لەسەری هەیە، ئەمەش هەریەکە بە جۆرێک کاری لێدەکرێت و خۆی دادەرێژێتەوە، کولتووره لۆکاڵییەکانیان دەتوێنەوە و بەبێ هیچ بەرگرییەك خۆیان دەدەن بەدەستەوە و جارێکی تر رەنگرێژ دەبنەوە بە سیما و پێکهاتەی کولتووره نوێیەکە کە ناوی کولتووری جیهانییە، یان لەبەرامبەر بە جۆرێك لە جۆرەکان جۆرێك لە چاکسازییان تێدا روو دەدات، بەڵام لەسەر هەمان ریشە و پێکهاتەی شارستانی و ئاینی. ئەو گەلانەی کە خاوەنی شارستانیەتێکی دیار و مێژوویین، لە نێو کایەی بەجیهانیبووندا وا بە ئاسانی ناتوێنەوە، بەڵکو دەیانەوێت شوناسی کولتووری خۆیان بکەنە رەمز و سونبول بۆ مانەوە و جارێکی تر لە شێوازێکی تردا نوێی دەکەنەوە کە بگونجێت لەگەڵ گۆڕانکارییە نوێیەکەدا و لەم حاڵەتەدا جۆرێك لە هەستکردن بە ئیرادەیان بۆ دروست دەبێت، چونکە لەلایەك لەسەر بنەما کولتوورییەکەی خۆی دەمێنێتەوە، لەلایەکی تریش لەگەڵ رەوتە جیهانییەکەدا دەرەوات و ناهێڵێت دوابکەوێت لە رەورەوەی پێشکەوتنی شارستانی.

ئاستی تێگەیشتنی گەلان رۆژ بە رۆژ لە زیادبووندایە، چونکە لەگەڵ فراوانبوونی سنوورەکانی ئازادی و بچووکبوونەوەی زەوی بە گوندێك، لەهەمان کاتدا زانیارییەکانی یەکترناسینی گەلان و دەوڵەتان زیاد دەکات، لەبەر ئەوە ئێستا بە ئاسانتر هەست بە ئەو پیلان و بەرنامانە دەکرێت کە دژ بە ئیرادەی تایبەتمەندی و سەربەخۆیی گەلان دادەرێژێت، ئەو پیلانەی کە ساڵانی پێشوو لەئارادا بوون دژی شوناسی گەلان، ئێستا زۆر بە ئاسانی دەتوانرێت هەستیان پێ بکرێت و لەبەرامبەردا بەرگری لە دژ دروست بکرێت، رۆژئاوا لەو رەوەوە زۆر بێبەزەییانە مامەڵە دەکات، کە دەیەوێت سیاسەت و ئابووری و بواره کۆمەڵایەتی و رۆشنبرییەکەی گەلان بخاتە ژێر بەرداشتی زەبەڵاحی

دامودەزگاکانی خۆی لە ڕێکخراوە نێودەوڵەتییەکان و ئابووری و سیاسییەکان، لەبەر ئەوە لەم ڕووەوە نابێت ئێمە بە دڵسافی مامەڵە لەگەڵ ئەم جیهانە نوێیەدا بکەین، بەڵکو دەبێت ئێمە بە قوولیّ بیر لە ڕۆژئاوا بکەینەوە، لەبەرامبەر ڕۆژهەڵاتناسیدا دەبێت بیر لە ڕۆژئاواناسی بکەینەوە.

ئەوکاتەش دەبێت بزانیت ئایا ئامانجی کولتوور و شوناسی ڕۆژئاوا لەبەرامبەر کولتوورەکانی تردا چییە؟ ئایا یەکترناسین و فرەکولتووری و لەیەکتر تێگەیشتنە، یان توانەوە و نەهێشتن و بنبڕکردنە؟

شارستانیەت و هەژموونی ڕۆژئاوا ئەمڕۆ بەرەوپووونەوەیەکی گشــتگیر و بەردەوامی دروست کردووە بۆ هەموو گەلانی تر، لەڕووی زانستی و سەربازی و سیاسی و تەکنیکی و پیشەسازی و کۆمەڵایەتی و گیانی، لەگەڵ بەردەوامبوونی ئەو سەرکەوتنانە و فراوانبوونی بازنەکەی و هەستکردن بە گەورەیی و قەبارەی گەلان زیاتر هەست بە لاوازی و بێهێزی و تەقلید و خۆبەکەمزانی و کەوتنە شوێن سەرکەوتوو لە جلوبەرگ و ڕەوشت و هەموو هەڵسوکەوت و بۆچوونێکی تر، زیاد دەکات، ئەمەش دەبێتە سیمایەکی گشتی و تایبەتی و جیاوازییان نابێت،[64] هەروەها بورهان غلیۆن لــە بۆچـوونێکی تــردا دەڵێت: لەدەستدانی متمانە بە کولتووری نەتەوەیی و دوورکەوتنەوەی خەڵک لێی و تەسلیمبوون بە کولتووری باو لەوەرگرتنی زانست و ڕەوشت و بنەما ئاڕاستەکراوەکان لەزۆر شتی تردا، لەم بارودۆخەدا ئاستی شارستانیەت و پێشکەوتنی تاک دەبەسترێتەوە بە شێوازی ڕەوشت و هەڵسوکەوتی ڕۆژئاواییانەوە، ئەو خۆبەکەمزانینەی کە لەو کولتوورانەدا دەبینرێت، لەڕاستیدا دەگەڕێتەوە بۆ ئەوەی کە ئەو کۆمەڵگایانەی کە هەڵگری ئەم کولتوورەن پێگەی جیهانیی خۆیان لەدەست داوە و کاریگەرییان لەسەر دیاریکردنی چارەنووسی مرۆڤایەتی نەماوە، بەڵکو ئێستا هاتووەتە ناو ئەم شارستانیەتە نوێیەوە، بەڵام هیچ هۆکارێکی نییە کە زاڵبێت بەسەریدا، لێرەوە دێت و بەها مرۆڤییەکان لە کولتوورێکی تر

---

64 د. برهان غليون، إغتيال العقل، سەرچاوەی پێشوو، ل١٣٦.

وەردەگرێت کە هیچ پەیوەندییەکی بە ئەوەوە نییە. [٦٥] بەهۆی پێشکەوتنی تەکنەلۆژیا و سەرکەوتنی ولاتانی رۆژئاوا لە بواری ئابووری و سیاسییدا ئەمە بووەتە هۆی ئەوەی کە ئەم ولاتانە، بەردەوام بەدیدێکی بالاوە مامەڵە لەگەڵ گەلانی تردا بکەن، دواجار ئەم دیدە دێتە ناو پەروەردە و کولتوور و تاکێکی خۆبەکەمزان دروست دەبێت، چونکە لە هەرەمی سەرەوەی دەوڵەتەوە ملکەچکردن بووەتە سیمایەکی ئەم گەلانە، پاشان لەم رێگەیەشەوە دەکەوێتە ژێر مەرجە جۆراوجۆرەکانی رۆژئاوا کە لە دواییدا دێتە بواری کولتووریش، وا لەقەڵەم دەدەن کە مەرجی پێشکەوتنی ئەم گەلانە پەیوەستە بە پابەندبوون بە کولتووری رۆژئاوا.

(جاك بیرك) رۆژهەلاتناسی گەورەی فەرەنسی پرسیارێکی جەوهەریی دەورووژێنێت و دەپرسێت: ئایا ئەزموونی رۆژئاوا حەتمی و پێویستە بۆ هەموو گەلان؟ هەر خۆی وەلام دەداتەوە و دەلێت: نەخێر، نە پێویستە و نە تەواوکەرە، بەلکو زۆرجار دەبێتە مایەی جۆرەها شکست و دلەراوکێ و هەلگەرانەوە، مێژوونووسی بەناوبانگی بەریتانیش هەمان هەلوێستی هەبووە. [٦٦] بۆ ئەوەی نەتەوەیەك بە زیندوویی بمێنێتەوە و لەبەردەم شالاوەکانی بەجیهانیبووندا خۆی رابگرێت، دەبێت خاوەنی ستراتیژیەتی تایبەتی بێت لە خۆناسی و رۆژئاواناسی، ئەمەش پرۆژەیەکی گشتگیر بێت لە پەروەردە و ئابووری و سیاسەتدا و لەبەرنامەی گەشەپێداندا رەنگ بداتەوە.

ئەگەر دەتەوێت ئاستی کاریگەربوونت بە رۆژئاوا کەمبکەیتەوە و چیتر بەرەوخۆی کێشت نەکات، ئەویش بەوە دەبێت کە بچینەوە سنووره سروشتییەکەی خۆی و بەسەر ئەفسانەی کولتووری جیهانیشدا زاڵ بین، چونکە هەموو کولتوورێك هەرچەند بانگەشەی ئەوە بکات کە جیهانییە، دەکەوێتە ژێر کاریگەریی راگەیاندن، لە ژینگەیەکی تایبەتیدا گەشەی کردووە و تایبەتە بە چاخێکی مێژوویی و دیاریکراو،

---

٦٥ هەمان سەرچاوە، ل١٣٧.

٦٦ د. نعمان عبدالرزاق السامرائی، دراسات في المعرفة، سەرچاوەی پێشوو، ل٤٦.

پاشان لە دەرەوەی سنوورەکانی بڵاوبووەتەوە، ئەویش بە ھۆکاری ھەژموون و ھۆکانی پەیوەندیکردن. [67]

ئەمەش بە مانای دابڕان لە ڕۆژئاوا نایەت، بەڵکو پێویستە لەڕوویەکی ترەوە ڕۆژئاواناسی ببێتە ستراتیژیەتێکی کاری ڕووناکبیران، بۆ ئەوەی جیاوازی بکەین لە نێوان پێشکەوتنی تەکنەلۆژیا و شارستانیەتی ئێستای جیھان لەگەڵ ئەوەی کە پێی دەوترێت کولتووری پیاوی سپی و ڕۆژئاوا، چونکە لە نێوان شارستانیەت و جیھانبینی تاکی ڕۆژئاواییدا جیاوازیی زۆر ھەیە.

نابێت ئێمە لە ڕۆژئاوا داببڕێین، چونکە ڕۆژئاوا شارستانیەتەکەی کۆمەڵێک داھێنان و دەسکەوتی گەورەی تیایە کە مرۆڤ ناتوانێت لێیان دوور بکەوێتەوە، بە مانایەکی تر واتە ئەویتری شارستانی.. ئێمە پێویستمان پێیەتی بۆ پێشخستنی بارودۆخی ئێستامان..

ھەڵەیەکی گەورەیە ئەگەر ئێمە وا بیر بکەینەوە کە گەشەکردنی منی شارستانی دەبێت لە ڕێگەی دابڕان و وێرانکردنی ئەوی شارستانی دابمەزرێت. [68]

ئەم بۆچوونەش، لەم بارودۆخەدا ناچەسپێت کە وڵاتانی باشووری تێدا دەژی، لەنێوشیاندا وڵاتانی ئیسلامیی، چونکە بە بوونی ئەم بارودۆخە دواکەوتووە، لە ڕووی ئابووری و سیاسی و کۆمەڵایەتییەوە، ھەرگیز تیایدا پرۆژەکانی گەشەپێدان ناچەسپێت، بەڵکو دەبێت بە بیرکردنەوەیەکی تر و تاکێکی ھۆشیارتر و حکومەتێکی کاراتر بنیات بنرێت.

ئایا ئێمە چۆن دەتوانین لە بازنەی سەرسامبوونمان بە ڕۆژئاوا دەربچین، لەھەمان کاتیشدا بێئاگا نەبین لەو پێگە سروشتی و واقیعییەی کە ئەمڕۆ شارستانیەتی ڕۆژئاوایی ھەیەتی، ئەمەش بە ئەنجام ناگات، (تەنھا بە بوونی ھۆکاری مەعریفی و ڕەخنەیی نەبێت کە ئەویش لە خوێندنەوەیەکی قووڵی ئەزموونی شارستانی خۆییەوە

---

[67] د. حسن حنفي، د. جلال العظم، ما العولمة، سەرچاوەی پێشوو، ل59.

[68] محمد محفوظ، الاسلام والغرب والمستقبل، ص58.

هەڵدەقولێت، چونکە شارستانییەتەکانی تریش لە ئەنجامی بوونی ئەو جۆرە خوێندنەوەوە بووە کە بوونە خاوەنی ئەو هۆکارە مەعریفییە رەخنەییانە، ئەمەش دەبێتە هۆی دەرچوونمان لە سەرسوڕمان بە ئەوانی تر و لایەنگریی پێش وەخت).[69]

لەمبارەیەوە دکتۆر حەسەن حەنەفی دەلێت: (پاراستنی شوناسی کولتووریی لە مەترسییەکانی بەجیهانیبوون لە ڕێگەی داخران بە سەر خود و ڕەتکردنەوەی بەرامبەردا نابێت، چونکە ئەمە چاککردنی هەڵەیەکە بە هەڵەیەکی تر، کۆی ئەم دوو هەڵەیەش ڕاست دەرناچێت، بەڵکو ئەوە سەرەتا بە سەرلەنوێ بنیاتنانەوەی کەلەپووری کۆن دەبێت کە پێکهێنەری سەرەکی کولتووری نیشتمانییە، چونکە ئەمە ڕێگرەکان لادەبات و هۆکاری پێشکەوتن ئامادە دەکات، هەر دوو ڕەگەزەکەش لە کولتووردا هەن، نابێت ئێمە لە مێژووەوە سەیری ئێستا بکەین، بەڵکو دەبێت سەرەتا ئەو زەمەنە بناسین کە تێیدا دەژین پاشان هەڵوێستەیەک بەرامبەر خۆمان دەرببرین و بزانین ئایا ئاستی پێشکەوتنی ئێمە تا چ ئاستێکە و کۆمەڵگەکانمان لە چ بارودۆخێکدا دەژین و ئاستی هوشیاریی مەدەنی و دیموکراسی تا چەندێکە، چونکە بەبێ خودناسی ناتوانین بەرامبەرەکانیش بناسین).

سەرەتا دەبێت سیمای ئەو شوناسە بناسین کە ئینتمامان هەیە بۆی، هەروەها ئەو کولتوورەی کە لەسەری بنیات نراوە، چونکە ئێمە دەبێت لە خۆمانەوە دەست پێ بکەین، هەر لێرەشەوە هەنگاو بنێین بۆ ئایندە و بە پرۆژەی تایبەتییەوە بێینەوە بۆ ژیانی سەردەم.

دەبێت لەوە ئاگادار بین کە باسکردن لە تایبەتمەندی مانای داخران و تەقلید و لاساییکردنەوە و خۆخواردنەوە و دوورکەوتنەوە لە ئەویتر و ترس لە سەردەم ناگەیەنێت، تایبەتمەندی مانای گرنگیدانە بە خود پێش ئەویتر، بە کەسە نزیکەکان پێش دوورەکان، بەوەی کە هەیە پێش ئەوەی کە دێت، هەروەك پێشینانمان کردیان لە دامەزراندنی زانستی (اصول) و بنچینەکانی ئایین و بنەماکانی فیقە، زانستی

____

[69] هەمان سەرچاوە، ل٥٧.

تەصەوف هەر لە سەرەتاى سەدەى یەکەم پێش وەرگێڕان لە سەدەى دووەم بنیاتنانى فەلسەفە لە سەدەى سێهەم.[70]

گۆڕان و نوێبوونەوە پێویستى بە پرۆژەى گەشەپێدان هەیە، واتە دەتوانین بڵێین کە شوناس دابڕاو نییە لە لایەنەکانى ترى ژیان لە ئابوورى و سیاسى و کۆمەڵایەتى، بەڵکو ڕەنگدانەوەى بارى ژیانى تاکە لە کۆمەڵگەدا، هەر ئەمەش شێوە و سیماکانى شوناس دیارى دەکات، واتە ژینگەى تاک پەیوەندى ڕاستەوخۆى هەیە لەسەر دروستبوونى سیماکانى شوناس.

هەرئەو ژینگەیەشە ئەوەى بۆ دروست دەکات، ئایا شانازى بکات بە شوناسەکەیەوە یان بە بارێکى گرانى بزانێت و بەردەوام هەوڵى خۆ لێ ڕزگارکردنى بدات؟ لەبەر ئەوە دەبێت شوناس شتێک بێت کە تەعبیر لە واقیع بکات نەک بە خەیاڵ لە مێژوودا بژى و تەنها بیر لە رابردوو بکاتەوە و بیەوێت شوناس لە مێژوودا بنیات بنێت و هەر لەسەر ئەو سەروەرییانە بژى کە لە رابردوودا هەن.

لەلایەکى تریشەوە نابێت تەکنەلۆژیا و پێشکەوتنى هۆکانى پەیوەندى ببێتە بەدیلى شوناس، چونکە ئەو هۆکارانە بەرهەمى هەوڵ و کۆششى هەموو مرۆڤایەتین لە قۆناغە جیاجیاکانى ژیاندا و مولکى نەتەوە و جوگرافیایەکى تایبەتى نین، بەڵام کولتوور و شوناس تایبەتمەندییەکى نەتەوەیین و لە مێژووەوە سەرچاوە دەگرێت و لە ئێستا تەعبیر لە ئینتیماى تاک دەکات.

هەموو کۆمەڵێک بۆ ئەوەى بەردەوام بێت و بە ڕێکى بڕوات بەڕێوە، سەرەڕاى زانست و تەکنەلۆژیا، پێویستى بە مەرجەعیەتێکى ڕۆحى و رەمزى و ئەخلاقى هەیە، کە ئەویش دەبێتە سەرچاوەى پەیوەندى و ئیلهام و یەکخستنى سۆز و بۆچوونەکانى دەست دەگرێت بەسەر کاردانەوەکانى و مەرج دادەنێت بۆ تێڕوانینە گشتییەکانى و دیدە قووڵەکانى، کولتوورریش لە کۆتاییدا هیچ نییە تەنها هۆکارێک نەبێت کە لە ڕێگەى زنجیرەیەك ئیحاوە کە تیایدا تاک خۆى دەناسێت و لەو ڕێگەیەشەوە ئاشنا دەبێت بە

---

[70] د. حسن حنفي، د. جلال العظم، ما العولمة، ل٥٩.

کۆمەڵەکەی و پاشان خۆی ڕێك دەخاتەوە لە ڕێگەی چالاکییە ڕۆحی و داهێنانەکانیەوە.[71]

بۆ پاراستنی شوناس پێویستیمان بە کۆمەڵە پێوەرێك ھەیە ھەتا مامەڵە لەگەڵ ئەوی ترى شارستانی بکەین، ھەروەها وەرگێڕانی ئەوەی کە بۆمان دێت، نەك تەقلیدکردنێکی کوێرانە و سەرسوڕمان پێی بەبێ وردبوونەوە.

ھەر کۆمەڵێك ئەوەی کە وەری دەگرێت لەم شارستانیەتە دەگەڕێتەوە بۆ ھێزی ئەو ڕەگەزانەی کە پێکیان ھێناوە لە ماددی و ڕۆحی و عەقڵی، ھەر نەتەوەیەك بڕوابوون بە خودی تێدا نەمێنێت و لاواز ببێت، ئەوا دەگۆڕێت بۆ شتێکی بێبایەخ لەو شارستانیەتە و وەك بەشێك لە زبڵدانی لێدێت[72].

ڕووناکبیری گەورەی فەرەنسی دکتۆر ڕۆجیە گارودی وا دەبینێت کە یابان تەکنەلۆژیای ڕۆژئاوای وەرگرت، بەڵام بەهاکانی ڕۆژئاوای وەرنەگرت لەبەر ئەوە ھەر لە سەرەتای بزاڤی چاکسازیی (ماجی) لە ساڵی (١٨٦٨)ەوە پارێزگاری لە پەیوەندییە کۆمەڵایەتییەکانیان و پەیوەندییەکانی بەرھەمھێنان کرد، لەگەڵ پاراستنی ئەو بەهایانە، بەڵام سیستمی ئابووریی سەرمایەداریی گواستەوە بۆ یابان، لەبەر ئەوە ڕژێمە ئابوورییەکەی بووە ڕژێمێکی سەرمایەداریی ناشیرین، ئەمەش بووە مایەی دەستگرتن بە داگیرکەر و سەرئەنجامیش شکستی (١٩٤٥) یان تووش بوو، بەڵام یابانی ئەمڕۆ گۆڕاوە بە سیستمێکی تر، ئێستا بڕوای بە ھێزی ئابووریی ھەیە بەبێ سیاسەت یان ئیمپریالیزم، ئەمڕۆ ئەوان لە ڕوانگەیەکی کۆمەڵناسی جیهانییەوە کار دەکەن، نەك لەسەر بنەمای زانستی کۆمەڵناسیی دەوڵەت[73].

ئەگەر بەشێوەیەکی ھوشیارانە مامەڵە بکەین، دەتوانین ھەنگاوی ئیجابی بنێین و سەرەتایەکی ڕێنیسانس دەست پێبکەین، بۆ ئەم مەبەستەش پێویستە ھەموو

---

[71] برهان غليون، اغتيال العقل، سەرچاوەی پێشوو، ل٣١٣.

[72] ھەمان سەرچاوە، ل٣٦٥.

[73] د. نعمان عبدالرزاق السامرائي، مدخل الى الثقافة الاسلامية، سەرچاوەی پێشوو، ل٤٢.

دامودەزگاکانی دەوڵەت بەشدارن لە راگەیاندن و کولتوور و پەروەردە و سیاسەت و ئابووری و کۆمەڵناسی، ئەم گۆڕانکارییەش دەبێت لەسەر بنەمای پرۆژەیەکی تەواو بێت، دەوڵەتیش بەرپرسیاری یەکەمە لەم کارەدا، پێویستە هەموو هۆکارەکان بەکاربهێنێت بۆ ئەم مەبەستە لە توانەوە و هەڵوەرین و داڕزان بەدوور بین، گرنگترین ئەو لایەنانەش کە پێویستە بەشدارن، بریتین لە:

١ـ دامودەزگا ئابووریيە نیشتیمانیيەکان، بەتایبەتیش ئەوانەی کە ماڵی خەڵکن و هەڵگری شوناسن.

٢ـ پرۆگرامەکانی خوێندن لە دامودەزگا جیاوازەکانی فێرکردندا.

٣ـ سەنتەرەکانی توێژینەوەی زانستی، بەتایبەتیش ئەوانەی کە پەیوەندییان هەیە بە دامودەزگا بەرهەمهێنەرەکان و زانکۆکان لە دامودەزگا جۆربەجۆرەکانی پەروەردە و فێرکردندا.

٤ـ هۆکانی راگەیاندنی بینراو و بیستراو و خوێندراو، لەنێویشیاندا تۆڕی ئینتەرنێت.

٥ـ دامودەزگا کولتوورییەکان و رێکخراوە جەماوەرییەکان و دەستە سیاسی و کولتوورییەکان[74].

دکتۆر موحەممەد عابد ئەلجابری دەڵێت: (ئێمە پێویستمان بە مۆدێرنیزم هەیە، واتە بچینە ناو سەردەمی زانست و کولتوور وەک بەشدار و هاوکارێک، لەهەمان کاتیشدا پێویستمان بە بەرگری هەیە لەئاست هاتنەناوەوەی فیکری ناوخۆ و پاراستنی شوناسی نیشتیمانی و تایبەتمەندیی کولتوورییمان بۆ ئەوەی لە توانەوە و پارچەبوون بیپارێزین، بەتایبەتیش لە ژێر کاریگەرییەکانی شەپۆلەکانی داگیرکاریی کە پەیڕەو دەکرێت لە ئاست ئێمە و هەموو جیهاندا، ئەویش لە رێگەی هۆکارەکانی زانست و کولتووروە، کە ئەمەش پەیوەستە بە گەشەپێدانەوە و پەیوەستە بە شێوازی بەرگری و پاراستنی شوناس و تایبەتمەندی بە پشتبەستن بە هۆکارە بێسنوورەکانی

____

[74] د. محمد حنفي، الهوية والعولمة.

بەجیهانیبوون، کە بەجیهانیبوون خۆی فەراهەمی هێناوە، واتە پشتبەستن بە لایەنە ئیجابییەکانی بەجیهانیبوون لەپێشەوەی هەمووشیان زانیاری و تەکنەلۆژیا، ئێمە ئەمە بە ئاشکرا لە پلانەکانی وڵاتانی ئەوروپیدا دەبینین، کە زۆربەی کات مەترسییەکانی داگیرکاری ئەمریکی بەبیردەهێنینەوە، بەتایبەتیش لە بواری ڕاگەیاندن و کولتووردا کە ئێستا بووەتە شتێک کە هەڕەشەیە لەسەر کولتوورەکانی تر، ئەمەش لە فیلم و هونەر و نووسراوی ئەکادیمییەکانیاندا دەردەکەوێت بەشێوەیەکی دەستەجەمعی کە پێشکەوتووترین هۆکاری تەکنەلۆژی بەکاردەهێنن، لەوانەش مانگە دەستکردەکان بۆ ئەوەی هەموو بوارەکانی مەعریفی و تایبەتمەندییە کولتوورییەکان بخەنە ژێر باڵی خۆیان.

بەشێوەیەکی گشتی و لەسەر ئاستی جیهان ئێستا دوو گوتاری جیاواز دەبینین بەرامبەر بە کولتوور و شوناس، لەلایەک داوا دەکەن کە گەلە ناپڕۆژئاواییەکان دەستبەرداری کولتوورە لۆکاڵییەکان ببن و بۆ ئەم مەبەستەش هەر لە سەردەمی ڕۆژهەلاتناسەکانەوە هەتا ئێستا لەسەر ئەوە کاردەکەن کە کولتووری ناپڕۆژئاوایی کولتوورێکی کۆنەپارێز و دواکەوتووە، پێویستی بە گۆڕان و نوێبوونەوە هەیە و زۆر جاریش بە کولتوورێک لە قەڵەمی دەدەن کە بەردەوام نەفامی و ئیرهاب و توندوتیژی بەرهەم دەهێنێت، لەبەر ئەوە ئێستا دەبینین ئەم گوتارە دژی کولتووری ڕۆژهەلات بووەتە گوتارێکی جیهانی و لەناو خودی ڕۆژهەلاتیشدا ئێستا نەک ڕۆشنبیران و ئەکادیمییەکان، بەڵکو عەوامەکانیش فێری ئەوەبوون کە سەرچاوەی یەکەمی نەهامەتی و دواکەوتووی و توندڕەوی تەنها دەگەڕێتەوە بۆ کولتووری ڕۆژهەلاتییەکان، کە ئەمەش خۆی لە خۆیدا وەسفکردنی کولتوورێکی ترە کە پێی دەلێن ڕۆژئاوایی، بەمەش ئێستا جەنگێکی سەخت دژی کولتووری ڕۆژهەلات لە گەشەکردندایە.

بەڵام لەبەرامبەردا ئەگەر سەیری ئەوروپا بکەین، دەبینین جۆرێک لە دواليزمی پێوە دیارە دەربارەی مەسەلەی شوناس، چونکە لەلایەک دەربارەی پاراستنی شوناس

و تایبەتمەندی ئەوروپیبوون دەدوێن، لێرەشەوە ئەمە بە ڕێگەیەك بۆ یەكگرتن و پاراستنی یەكریزی دەزانن لە نێوان گەلان و وڵاتانی ئەوروپیدا، ئەویش لە ڕێگەی نەخشەیەكی عەقڵانی لە چوارچێوەی پیادەكردنی دیموكراسیدا، ئەمەش دەتوانین وەك وڵاتانی دنیای سیّ كەلكی لیّوەربگرین كە چۆن توانیویانە لەگەڵ كولتوورە لۆكاڵییەكانیاندا خۆیان بگونجێنن، ئێمە وەك وڵاتانی ئیسلامیی دەتوانین كەلك لەو تایبەتمەندییە ئەوروپییە وەربگرین و شوناس بكەینە مەرجەعیەتی پرۆژەی شارستانی عەقڵانی و دیموكراسی، لەگەڵ بەشداریكردن و كەلك وەرگرتن لە ئەوانی تر لە تەكنەلۆژیا و كولتوور و دامودەزگا پێشكەوتووەكان، لەوانەش دیموكراسیەت و دامودەزگاكانی كۆمەڵی مەدەنی، واتە دەبێت جۆرایەتی هاوتەریب بێت لەگەڵ پرۆگرامەكانی پەرەپێداندا، چونكە گرفتی سەرەكی و بنەڕەتی لە جیهانی ئیسلامیدا بریتییە لە دواكەوتن لە هەموو لایەنەكانی ژیاندا، بەڕاستیش كۆمەڵگەی دواكەتوو لاواز لە هەموو لایەنەكانی سیاسی و ئابووری و زانستی ناتوانێت پارێزگاری لە تایبەتمەندییە كولتوورییەكان و كەلەپوورە شارستانییەكەی بكات و ناتوانێت بەرگەی ئەو هێرشە كولتووری و ڕاگەیاندنە بگرێت كە ئاراستەی دەكرێت لە هەموو لایەكەوە، هەروەها ناتوانێت لەسەر ئاستی نێودەوڵەتیش خۆی بگرێت لەبەرامبەر ئەو جەنگە سیاسییە نێودەوڵەتییەی كە بە شەپۆلە پێچاوپێچەكان ئاراستە دەكرێت و پارێزگاری لە بەرژەوەندییە ژیاننییەكان بكات[75].

لەبەرئەوە ئەگەر دەمانەوێت پارێزگاری لە شوناسی كولتووریمان بكەین، پێویستە بەشداریمان هەبێت لە سەرخستنی پەرەپێدان و ڕێنیسانس، كاركردنمان لەسەر ئەم دوو بوارە زەمانەتی پاراستنی شوناسمان دەكات، واتە دەبێت وێنەی شوناسێك دروست بكەین كە شوناسی سەردەمی كرانەوە و گەشەپێدان و دیموكراسی و كۆمەڵگەی مەدەنییە نەك شوناسی شارستانی لە چاخە مێژووییە رابردووەكاندا، بۆ

---

[75] د. عبدالعزیز بن عثمان التویجري، العالم الاسلامي في عصر العولمة، سەرچاوەی پێشوو، ل٥٩.

ئەم مەبەستەش دەبێت کۆمەڵگەیەك بنیات بنێین هاوشێوەی کۆمەڵگە جیهانییە پێشکەوتووەکان، هەریەك لەو دەزگایانەش ئەرکی تایبەتی نوێی هەیە، بەم شێوەیە:

١ـ دەبێت حیزبە سیاسییەکان لەسەر بنەما و هۆشیارییەکی دیموکراسی دروست ببن کە نموونەی چەسپاندنی ئازادی و مافەکانی هاووڵاتی بن لەناو حیزب و دەرەوەی حیزبدا، بەمەش گەل هەست بە کەسایەتی و بەهای خۆی دەکات و ڕێز لە شوناسی نەتەوەیی خۆی دەگرێت.

٢ـ ڕۆڵی سەندیکاکان لە پاراستنی مافی ئەندامیان و پاراستنی بەرژەوەندییەکانیان و لایەنگریکردنیان بۆ بەدەستهێنانی مافەکانیان، بەمەش کرێکاران و فەرمانبەران و هەموو چین و توێژەکان کار دەکەن لەسەر پاراستنی نیشتیمان و خزمەتکردنی ئامانجە نەتەوەییەکان و هەوڵدان بۆ پاراستنی شوناسی لۆکاڵی.

٣ـ پێویستە کۆمەڵە کولتوورییەکان کار لەسەر پێشخستنی کولتووری نیشتمانی بکەن و گرنگی بە ژیاندنەوە و گەشەپێدانی بەها کۆمەڵایەتییەکان بدەن و ڕێز لە ئیرادە و ویستی خەڵك بگرن.

٤ـ پێویستە ڕێکخراوەکان بە شێوەیەکی گشتی کار لەسەر بنیاتنانی پەروەردەیەکی نیشتمانی و نەتەوەیی و ڕەسەن بکەن کە خزمەت بە چەسپاندنی شوناس بکات و ئەو پەروەردەیەش هۆکارێك بێت بۆ ڕواندنی هەستی خۆشەویستی نەتەوە و نیشتمان و ئاین و شارستانیەتە مێژوویییەکەی.

٥ـ پێویستە دەوڵەت گرنگی بە چەسپاندنی دیموکراسی و فراوانکردنی بوارەکانی ئازادی و چەسپاندنی مافەکانی هاووڵاتی بدات و خاوەنی پرۆژەیەکی تایبەتی بێت لە بواری ئابووری و سیاسی و کۆمەڵایەتی و بەمەش هانی تاك بدات کە شانازی بکات بە مێژوو و شارستانیەت و شوناسی نەتەوەیی خۆی.

٦ـ دەزگاکانی ڕاگەیاندن لەسەر ستراتیژیەتێکی نیشتمانی و نەتەوەیی و ئاینی کار بکەن و لەگەڵ دەزگاکانی تری پەروەردە و فێرکردن و خێزاندا هەماهەنگی بکەن

و بە هەموویان خزمەت بە پێگەیاندنی تاکێکی بەهاداری پێشکەوتوو لە ڕووی زانست و هوشیار لە ڕووی ئەخلاق و پەروەردە بکەن.

ئێمە ئێستا لە جیهانی ئیسلامیدا لە بارودۆخێکی زۆر سەختدا دەژین لەسەر هەموو ئاستەکان، هەموو وڵاتانی ئەندام لە کۆنگرەی ئیسلامیی کە ژمارەیان (۵۷) دەوڵەتە بە دەست گرفتی ئابووریی قورسەوە دەنالێنن. هەندێکیان، بەڵکو زۆربەیان دەکەونە ژێرەوەی ئەو وڵاتانەی کە لە ڕاپۆرتەکانی نەتەوە یەکگرتووەکاندا بڵاودەکرێنەوە دەربارەی پەرەپێدانی مرۆیی. [۷٦]

لەبەر ئەوەی جیهانی ئیسلامیی پێویستی بە گۆڕانکاری هەیە لەسەر ئاستی دەرەوە و ناوەوە، هەروەها لەسەر ئاستی دەسەڵات و گەلیش، چونکە بەبێ گۆڕانێکی جەوهەریی ئێمە ناتوانین بەشداری لە شارستانیەتی جیهاندا بکەین، بارودۆخی جیهانی ئیسلامیی بارودۆخێکی ناهەمواره بە تایبەتیش لەسەر ئاستی دەسەڵات، دەبێت لەمیانی کرانەوە و بواری ئازادیی زیاتر، ڕۆژبەڕۆژ تاکڕەوی و عەسکەرتاریەت پەرەدەستێنێ و گەندەڵی زیاتر گەشە دەکات و دامودەزگاکانی دەوڵەت زیاتر قۆرغ دەکرێت لەلایەن حزبی دەسەڵاتدار و بوارەکانی کاری ئۆپۆزسیۆن بەر تەسک دەکرێتەوە و دەزگا ئەمنییەکان بەهێز دەکرێن و زیندانەکان زیاتر بە ڕووی نەیاراندا واڵا دەبێت، لەبەرامبەریشدا دواکەوتووی و هەژاری پەرە دەسەنێت.

لەبەر ئەوە بەم حاڵەتەوە ئەم گەلانە نە دەتوانن پارێزگاری لە شوناس بکەن، نە دەتوانن ببنە سونبوڵێک بۆ گەشە و نوێبوونەوە.

لەپێناو بنیاتنانی پرۆژەیەکی نوێ بۆ گەشەپێدان و ڕەخساندنی بوارێک بۆ پاراستنی شوناس پێویستە ئەم هەنگاوانە لە جیهانی ئیسلامیدا بنرێن:

۱ـ گرنگیدان بە پەروەردە و فێرکردن و نوێبوونەوە و دانانی پرۆگرامێکی نوێ بۆ خوێندن و پەیوەستکردنی بە کولتوورەوە، کارکردن بۆ پێگەیاندنی نەتەوەیەکی نوێ کە بتوانێت ئەم کۆمەڵگایە بباتە ئاستێکی تر.

---

۷٦ د. عبدالعزیز بن عثمان التویجری، العالم الاسلامی فی عصر العولمة، سەرچاوەی پێشوو، ل۵۹.

٢ـ بەهێزکردنی پەیوەندیی نێوان ولاتانی ئیسلامیی و قوولکردنەوەی گیانی پێکەوەژیان لە بواری تەکنەلۆژیا و خوێندن و گەشەپێدانی دیموکراسی.

٣. ئەنجامدانی چاکسازییەکی گشتی لەپێناو بنیاتنانی دەولەتێکی نوێ کە دیموکراسیەت بچەسپێنێت و گەشەی ئابووری ڕووبدات و دەرگا بکاتەوە بە ڕووی ئۆپۆزسیۆن و گەشەپێدانی کۆمەلگەی مەدەنی هاوچەرخ.

٤. ڕێزگرتن لە مافی کەمینەکان و لە ڕووی مەزهەب و نەتەوەیی و گرنگیدان بە چەسپاندنی مافەکانی هاوولاتی و گەشەپێدانی میدیای ئازاد.

گرتنەبەری ئەم هەنگاوانە پێکهاتەی ئیرادەی تاک بەهێز دەکات و جۆرێک لە شانازی بە کولتووری بۆ دەگەڕێتەوە و ئەو کاتەش دەتوانێت خۆی بە هەلگری شوناسێک بزانێت و لە نێو گۆڕەپانی جیهانیشدا هەست بە بوونی خۆی بکات لەبەرامبەر ئەوانی تردا، بەم ڕێگەیەش دەتوانێت شوناس لە توانەوە بپارێزێت.

بنیاتنانی کولتوورێکی نوێ

تێڕوانین بۆ ئاینـدە یەکێکە لـە پێویستییەکانی ولاتـانی ناوچـەکە و گەلـە جیاوازەکان، بۆ ئەوەی بزانن لە چ زەمەنێکدا دەژین و لە ئایندەدا بە کوێ دەگەن، سەرەتا دەبێت تێڕوانین بۆ ئاینده لە تێگەیشتن لە واقیعی ئەو کۆمەلگەیەوە هەلقولا بێت کە تیایدا دەژین، بە بوونی لێکۆلینەوەیەکی زانستی سۆسیۆلۆژیی، کە تیایدا خالی لاوازی ئەم کۆمەلگایانە دیاری بکات، دەگەینە کۆمەلە ئەنجامێک کە ئەو کاتە پێویستە لەلایەن کەسانی پسپۆڕ و ئەکادیمی و بە سەرپەرشتی دەزگاکانی لێکۆلینەوەی ستراتیژی و بە هاوکاری حکومەتەکان بۆ ئەوەی پشتیوانی لەو لێکۆلینەوانە بکەن و ڕێگەیان بۆ خۆش بکەن بۆ ئەنجامدانی چاکسازی لە هەموو ئەو دامودەزگایانەی کە پێویستن و بۆ ئەم مەبەستەش هەموو پێداویستییەکیان بۆ دابین بکەن.

ئەمڕۆ دەرگاکانی لەسەر پشتن، بە چاک و خراپییەوە بە ڕووی هەموو گەلاندا کراوەتەوە، ناشتوانرێت کۆنتڕۆڵی هوشیاری و هەستەکانی تاک بکرێت بە شێوازە تەقلیدییەکان کە دەوڵەت لە ڕابردوودا پەیڕەوی دەکرد و لە ڕێگەی دامودەزگا جۆربەجۆرەکانیەوە دەویست کۆنتڕۆڵی سەرچاوەکانی زانیاری بکات و گەلەکەی لە دنیا دابڕێت، ئێستا مامەڵەکردن لەگەڵ بەجیهانیبووندا ناتوانرێت وەک بڕیارێکی سیاسی یان ڕێکەوتننامەیەک لەگەڵ کۆمپانیایەکیدا مامەڵەی لەگەڵدا بکرێت، لەم بوارەدا دۆست و دوژمن نییە، بەڵکو جۆری ئەو بەرگرییە ئەنجامەکانی دیاری دەکات کە بەو گەلە دراوە.

ئەگەر سەیری بەجیهانیبوون بکەین پرۆژەیەکی گشتگیری تەواوە بەرەوپووبوونەکانی بە شێوازی جیاوازە، خاوەنی جۆرەها تۆڕی زانیاری و ڕێکخراوی نێودەوڵەتی سیاسی و ئابووری و کۆمەڵایەتی و کولتوورییە، ئەمانە هەمووی لە جەوهەردا هەڵقوڵاوی فیکری نیولیبرالییە، کە ئەویش دید و تێڕوانینی ڕۆژئاواییانەیە بۆ دیاردەکان و هەڵقوڵاوی شارستانیەتی ڕۆژئاوایە.

ئەم تێڕوانینەش لە ڕووی کولتوورییەوە یەک ئاراستەیە و تەنیا یەک کولتوور و شارستانی دەبینێت کە ئەویش ڕۆژئاوایە، لە بەرامبەر ئەویتردا نابینایە و بە چاوێکی کەمتر لەوەی خۆی دەبینێت و کار لەسەر لاوازکردن و تواندنەوەیان دەکات و بۆ ئەم مەبەستەش پرۆژەیەکی گشتگیری هەیە.

ئێمە ئێستا هەست بە بوونی ململانێیەک دەکەین، لەبەرامبەر شوناس و کولتوور و شارستانیەتەکانی تردا ڕووبەڕووبوونەوەیەک هەیە، بەڵام پرسیاری جەوهەریی ئەوەیە کە ئێمە چۆن بەرەوڕووی ئەم شەپۆلە نوێیە ببینەوە؟ ئەمڕۆ بەجیهانیبوون بە کۆمەڵێک هۆکار و دید و بۆچوونی نوێوە لەسەر گۆڕەپانی جیهان کار دەکات، هەموو سەرچاوەکانی هێزی لەدەستدایە، بەتایبەتیش خاوەنی هێزێکی مەعریفی زەبەلاحە کە دەستی گرتووە بە سەر هەموو سەرچاوەکانی زانیاری و تەکنەلۆژی و پەیوەندییدا،

ئێستا شۆرشێكی زانیاری و ژمارەیی هەیە لە هەموو بوارەكاندا كە پشت بە پێشكەوتووترین هۆكاری تەكنەلۆژیی نوێ دەبەستێت.

شۆرشی زانیاری ئەمرۆ پرۆژەیەكی جیهانییە، بە جۆرێك كە لە هەولّی گۆرینی جوگرافیای جیهاندایە، كردووەتە گوندێك و رۆژئاوا و بە تایبەتیش ئەمریكا كوێخای ئەم گوندەیە، ئێستا (۱۲٪)ی خەلّكی جیهان دەستیان گرتووە بەسەر زیاتر لە (۹۰٪)ی بازرگانی (ئەمریكا، ئەوروپا، یابان)، یابان بە تەنها دەستی گرتووە بەسەر نزیكەی (٤٤٪)ی هەناردەی جیهان، ئەم ژمارانە لەراستیدا بەرئەنجامی شۆرشی زانیاری و پەیوەندی و تەقینەوەی مەعریفییە، كە ئەمەش هەرەشەیە لەسەر بەرجەستەكردنی كولتوور.^(۷۷)

ئەم واقیعە نوێیە جیهانییە، كە لە گوندی گەردوونیدا بەرجەستە بوون، بووەتە هۆی ئەوەی كە بەرەوپووبوونەوەیەك لەگەلّ هەموو گەل و نەتەوەكاندا دروست بكات، ئێستا كولتوورەكان زۆربەیان ئاشنابوون بە یەكتر، ژێرخانە كولتوورییە تەقلیدییەكان بە لەرزە كەوتوون و بەرەو هەلّوەشان دەچن.

ئەم كولتوورە نوێیە، بە جۆرەها شێوە خۆی نمایش دەكات، لە شێوەی وێنە و دەزگای نوێدا دەچێتە ناو هەموو مالّێك و لە بوارەكانی پەروەردە و زانست و راگەیاندن و پەیوەندییە كۆمەلّایەتییەكاندا دەردەكەوێت و دەچێتە ناو تۆرەكانی پەیوەندی لە راگەیاندن و ئینتەرنێت و دەزگا بیستراو و بینراوەكان، بە تایبەتیش كاریگەرییەكی زۆری لەسەر گەنجان و نەوەی نوێ هەیە.

لێرەوە لەحزەیەك دروست بوو بۆ ئەم گەلانە كە بتوانن لایەنە لاواز و دواكەتووەكانی خۆیان ببینن و بە بەرنامەیەكی نوێوە گۆرانكاری و چاكسازی ئەنجام بدەن، بتوانن بە عەقلّێكی نوێوە كولتوورێكی نوێ بنیات بنێن كە لەگەلّ ژیانی سەردەمییانەدا بگونجێت، لەلایەك كار لەسەر پێشخستنی بواری تەكنەلۆژی و زانیاری بكەن لەلایەكی تریشەوە ژیانی سیاسییان بە جۆرێكی نوێ رێك بخەنەوە كە تیایدا بە

---

^{۷۷} د. عثمان بن طالب، الهوية في مجتمع المعلومات: http://www.jusur.net

کولتوورێکی نوێوه‌ گرنگی به‌ گه‌شه‌پێدانی دیموکراسی و لێبورده‌یی و کۆمه‌ڵگه‌ی مه‌ده‌نی بده‌ن بۆ ئه‌وه‌ی گه‌لانی ئیسلامیی به‌ عه‌قڵیه‌تێکی نوێوه‌ به‌شداری له‌ بنیاتنانی شارستانیه‌تی جیهانییدا بکه‌ن، پێویسته‌ دید و تێڕوانینیان بۆ کولتووری ئیسلامیی بگۆڕن، که‌ لێره‌شه‌وه‌ سه‌ره‌تایه‌ک ده‌بێت بۆ گۆڕان و بنیاتنانی شوناسێکی نوێ ئه‌ویش له‌ رێگه‌ی:

۱ـ نوێکردنه‌وه‌ی پرۆگرامه‌کانی خوێندن و گه‌شه‌پێدانی په‌روه‌رده‌:

پێشکه‌وتن له‌ بواری زانستدا ته‌نها بچێت به‌رێوه‌، به‌ڵکو بۆ ئه‌م مه‌به‌سته‌ سه‌ره‌تا پێویستمان به‌ به‌رنامه‌یه‌کی په‌روه‌رده‌یی پێشکه‌وتوو هه‌یه‌ که‌ تیایدا هۆکاره‌کانی عه‌قڵانیه‌ت و بینین و بیست به‌هێز بکات، ده‌زگاکانی په‌روه‌رده‌ و فێرکردن له‌م وڵاتانه‌دا پێویستیان به‌ گۆڕان و نوێبوونه‌وه‌ هه‌یه‌ بۆ ئه‌وه‌ی له‌ ڕووی په‌روه‌رده‌وه‌ تاکێکی دڵسۆز و هوشیار و خاوه‌ن به‌رنامه‌ له‌ ژیاندا دروست بێت، له‌ هه‌مان کاتدا له‌ بواری فێرکردندا نه‌وه‌یه‌کی به‌رهه‌مهێنه‌ر و داهێنه‌ر و کاریگه‌ر دروست ببێت که‌ بتوانێت ئاستی گه‌شه‌پێدان له‌ هه‌موو بواره‌کاندا بباته‌ ئاستێکی تر.

(ئێستا ئێمه‌ هه‌ست ده‌که‌ین له‌ ناوه‌رۆک و جه‌وه‌ری پرۆگرامه‌کانی خوێندندا لاوازی و هه‌ژاری و ناته‌واوییه‌ک هه‌یه‌ که‌ ناتوانێت وه‌ڵامی بواره‌ مه‌عریفی و زانسته‌ نوێیه‌کان بداته‌وه‌، ئه‌گه‌ر سه‌رنج بده‌ین پۆل گه‌نجان خوێندن ته‌واو ده‌که‌ن، به‌ڵام له‌به‌رامبه‌ردا هیچ به‌رهه‌مێک نابینین و ناتوانن خزمه‌ت به‌ بواری به‌رهه‌مهێنانی ماددی و ره‌مزیی بکه‌ن)[78].

له‌به‌ر ئه‌وه‌ زۆر گرنگه‌ که‌ گۆڕانکاری له‌ پرۆگرامه‌کانی خوێندندا به‌ جۆرێک بێت، که‌ بگونجێت له‌گه‌ڵ پێشکه‌وتنه‌کانی سه‌رده‌مدا و ببێته‌ پێگه‌یه‌ک بۆ پێکه‌وه‌گرێدانی ره‌سه‌نایه‌تی و هاوچه‌رخیتی، ئه‌مه‌ش پێویسته‌ له‌سه‌ر بنه‌مای پرۆژه‌ی گه‌شه‌پێدانی مرۆیی بێت له‌سه‌ر ئاستێکی گشتی له‌ هه‌ریه‌ک له‌م وڵاتانه‌دا.

---

[78] عبدالله بلعزیز، العولمة والهویات الثقافیة، العرب والعولمة، سه‌رچاوه‌ی پێشوو، ل۳۱۳.

۲ـ پشتیوانییکردنی لێکۆڵینەوەی زانستی لە هەموو بوارەکانی مەعریفییدا:

ئەم پشتیوانییه سەرەتا دەبێت لە گرنگیدانەوە بێت بە بواره زانستییەکان و
دیاریکردنی بەشێکی نۆری بودجەی حکومەت بۆ ئەم بواره هەتا لە بواری لێکۆڵینەوە
و توێژینەوەی زانستیدا خەرج بکرێت و کەشـو هەوایـەکی بـاش بـۆ توێـژەر و
لێکۆڵەرەوان دابین بکرێت لە زانکۆ و پەیمانگا و دەزگاکانی لێکۆڵینەوەی ستراتیژیی،
بۆ ئەوەی بە تەواوی ژیانی خۆیان تەرخان بکەن، بۆ ئەم بوارەو ئەم بواره کولتوورییه
ئازادەش هاندەرێک بێت بۆ زیاتر گرنگیدان و بیرکردنەوە و توێژینەوە و لێرەشەوه
داهێنانکاریی گەشە بکات.[79]

۳ـ گرنگیدان بە چاکسازیی سیاسی:

پێویستە ئەم بارودۆخە سیاسییه ناهەموارەی کە ئێستا لە جیهانی ئیسلامییدا
هەیە، گۆڕانی بەسەردا بێت، چونکە هەتا بارودۆخی سیاسیی بەم شێوەی ئێستا بێت،
هەرگیز چاوەڕوانی باشتر ناکرێت، ئێستا دیکتاتۆریـەت و تاکڕەوی و گەندەڵی باڵیان
کێشاوە بەسەر سیستمی سیاسییدا، کە ئەمەش ڕێگرە لە جێبەجێکردنی هەر
بەرنامەیەکی کرانەوە و گەشەپێدان لە بواره جۆربەجۆرەکانی ژیاندا، لەبەر ئەوەیش
هەموو شتێک دەبێت هوشیاریی سیاسی تاکەکانی ئەم گەلانە زیاد بکرێت بۆ ئەوەی
گەل ببێتە سەرچاوەی گۆڕان.

ئـەم بارودۆخـە بووەتـە هـۆی لاوازبـوونی دیموکراسـی و فرەیـی و دادگـەریی
کۆمەڵایەتی، ئێستا لە ڕێگەی سیاسەتێکی ڕەوانەوە ڕێگە گیراوە لـە هـەموو عـەقڵ و
تواناایەکی داهێنەرانه.

رژێمە سیاسییەکان ئێستا ناوبانگی دیموکراسیەتیشیان شێواندووه، بەتاڵیان
کردووەتـەوە لـە هـەموو جەوهـەرێکی دیموکراسی، ڕێگەیان گرتـووه لـەوەی کـە تاک
بەشداریی سیاسی و چالاکی هەبێت، لە هەڵبژاردنەکانیشدا ناتوانێت بە ئازادی
نوێنەری خۆی هەڵبژێرێت و رەخنه بگرێت و گۆڕانکاری لە دەسەڵاتدا بکات، بەمەش

---

[79] د. عبدالعزیز بن عثمان التویجری، العالم الاسلامي في عصر العولمة، سەرچاوەی پێشوو، ل۳۳.

دیموکراسیەت تەنها بووەتە هۆکارێک بۆ شەرعیەتدانەوە بەو دەسەڵاتەی کە هەیە، نەک گۆڕانی دەسەڵات، لێرەوە زۆر گرنگە کە شوناس گرێ بدەینەوە بە دیموکراسیەتەوە، چونکە ئێستا شوناس پێکهاتەیەکی گرنگە لە ڕەگەزەکانی بەرژەوەندیی نەتەوەیی، بۆ نموونە سەیری بەهای دیموکراسی و ڕەهەندەکانی و گرنگییەکەی بکە لە نەخشەی بەرژەوەندییەکانی ئەمریکادا، ئێستا دیموکراسیەت بەهایەکی بنچینەییە کە هاوولاتی ئەمریکی بەکاری دەهێنێت بۆ پێناسەکردنی شوناسەکەی و دیاریکردنی، هەر لەم ڕوانگەیەوە ئیدارەی ئەمریکی چەندان جەنگی دروست کردووە بۆ پاراستنی ئەو بەهایە هەر لەپێناو پاراستنی ئەو شوناسەدا کە مەبەست پێی دیموکراسییە، ئیدارەی ئەمریکا هێزە سەربازییەکانی بە سەر چەندان دەریادا ناردووەتە دەرەوە، ئەمەش تەنها یەکجار نەبوو، بەڵکو چەندان جار ناردوویەتی، بە تایبەتیش لە دەیەی دوایی سەدەی بیست.‌ (۸۰)

لە سەرەتای سەدەی بیستەمیشدا ئەمریکا لە ژێر دروشمی پاراستنی دیموکراسی و گەشەپێدانی دیموکراتی لە ڕۆژهەلاتی ناوەڕاست، دەیان هەزار لە سەربازەکانی نارد بۆ عێراق و ئەفغانستان بەناوی دژایەتی دیکتاتۆریەت و بنیاتنانی دیموکراسی و پشتیوانی لە گەلانی چەوساوە و ژێردەستە.

کۆمەڵگە مرۆییەکانی ئێستا چوونە نێو سەدەیەکی تازە کە ئەویش پشتبەستنی هاوبەشە، چاکسازی ئێستا تێگەیشتنەکەی گۆڕاوە، کۆمەڵگە مرۆییەکان چوونە نێو واقیعێکی گەردوونی نوێوە کە ئەویش پێکداچوونی چارەنووس و هاوبەشییە لە مەترسییەکاندا، ئەمەش لە کێشە ئەمنی و ژینگەیی و تەندروستییەکاندا خۆی دەبینێتەوە، سەرەڕای کارەساتە سروشتییەکان، ڕۆژ لەدوای ڕۆژ و گرفت لەدوای

---

۸۰ مقتدر خان، التحولات العالمية من جغرافيا السياسية الى سياسة الهويات:

www.islamonlin.net.

گرفت ئەو واقیعە دەردەخات کە جیهانە کولتووررییەکان و ناوچە جوگرافییەکان چۆن بەیەکدا چوون. [81]

ئەم واقیعە نوێیە بە تەنها لەلایەن گەلێک و نیشتمانێک و تێڕوانینی ئایینێک و بۆچوونێکی ئوسولی ناچێت بەڕێوە، لە هەمان کاتدا سیستمێکی شمولی یان داگیرکاری یان عەقلێکی تاکڕەوی ناتوانێت ڕابەرایەتی ئەم جیهانە نوێیە بکات.

سەردەمی ئەوە تێپەڕی کە لە ڕێگەی عەسکەرتاری و سیستمی ئەمنی دەوڵەتێک بتوانێت دەرگاکانی جیهان بەڕووی خۆیدا دابخات، بەڵکو ئێستا سەردەمی کرانەوەی دەرگاکانە، دەبێت بە عەقلێکی جیهانییەوە دیاردەکان بخوێندرێتەوە کە بڕوای بە هاوکاری و هاوبەش و پەیڤین هەبێت بۆ ئەوەی لەپێناو پاراستنی بەرژەوەندی هاوبەشی مرۆڤایەتیدا کار بکرێت، واتە دەبێت ئێمە زمانی هاوبەش و لەیەکترگەیشتن بدۆزینەوە و هاوولاتیانی خۆشمان لەسەر ئەوە گۆش بکەین کە چۆن تاکێکی کراوە و هوشیار و خزمەتگوزار بن و بە ئازادی توانای داهێنان و ئەفراندنیان هەبێت و بتوانن تەعبیر لە بیروڕا جیاوازەکانی خۆیان بکەن.

٤ـ کرانەوە و تێگەیشتن لە پێداویستییەکانی سەردەم:

چونکە ئەو زەمەنە تێپەڕی کردووە کە بتەوێت دەرگا بە ڕووی زانیارییەکاندا دابخەی، ئێستا زانیارییەکان لە فەزاوە پەخش دەکرێن و ئامێری تەکنەلۆژی وا داهاتووە، کە کەس ناتوانێت ڕێگە لەوە بگرێت کە تاکێک ئەو زانیاریانەی دەست بکەوێت.

هەر سیستمێکی سیاسی بەو جۆرە مامەڵە بکات ئەوا خۆی و گەلەکەی تووشی پەراوێزبوون دەخات لە ڕووی سیاسی و ئابووری و کۆمەڵایەتی و ناتوانێت بەرگەی شەپۆڵی گۆڕانکاری بگرێت.

---

[81] الحاجة العالمية للاصلاح، (٢١/٥/٢٠٠٧): www.mokarabat.com.

٥ـ بەهێزکردنی تاک:

سەرەڕای پێگەی کۆمەڵایەتی، پێویستە بارودۆخێک بۆ تاک فەراهەم بکەیت کە کەڵک لە زانیاری و زانست و مەعریفەی هەبوو وەربگرێت کە لە ژینگە و سەردەمەکەیدا هەیە ئەویش لەپێناو باشترکردنی بارودۆخی ژیانیدا و بەرزکردنەوەی توانای بۆ ئەوەی بوونی نوێ بسەلمێنێ و ڕێگەی بۆ خۆش ببێت بۆ بنیاتنانی باشترین سیستمی خوێندن و زانست هەتا لەم ڕێگەوە مەعریفە بە گشتی بکرێت و هەموو هۆکانی جیاکاریی ڕێگەی لێبگیرێت و تاک لە حاڵەتێکی سلبییەوە بگۆڕێت بۆ حاڵەتێکی ئیجابی، ئەمەش ئەم ئەرکە بۆ تاک جێبەجێ دەکات.^(٨٢)

٦– گرنگیدان بە گەشەپێدانی مرۆیی و دانانی بەرنامە و پرۆژەی جۆراوجۆر:

هەروەها پێویستە گەشەپێدان پەیوەست بکرێتەوە بە کولتوورەوە و ببێتە سەرچاوەی داهێنان بۆ تاک لەناو کۆمەڵگەدا، بۆ ئەوەی گەشەپێدانی لەگەڵ ویست و ئیرادەی گەلدا بڕوات و تەعبیر لە هەست و ناخی بکات و پشتیوان لە ڕۆژەکان بکات و پارێزگاری لە هەموو لایەنەکانی ژیاندا، ئەزموونی یابان ئەزموونێکی سەرکەوتووە لەم بارەیەوە کە توانیویەتی ژیانی کۆمەڵگە بە تەریبی لەگەڵ پێشکەوتنی تەکنەلۆژی و زانست گەشەی پێبدات و پارێزگاری لە کولتووری نەتەوەیی بکات.

٧ـ گرنگدان بە بنیاتنانی کۆمەڵگەی مەدەنی:

ئازادی و فرەڕایی و بۆچوونی جیاواز و دابەشکردنی دەسەڵاتەکان و بنیاتنانی کۆمەڵگەی مەدەنی، بنەمایەکی سەرەکی کۆمەڵگە نوێیەکانە کە بڕوایان بە دیموکراسیەت و مافەکانی مرۆڤ و مافەکانی هاووڵاتی هەیە، دەبێت میدیای ئازاد ڕەگەزێکی سەرەکی پێکهاتەی دەسەڵاتی سیاسی بێت، کە وەک دەسەڵاتی چوارەم سەیر دەکرێت و ئێستا لە زۆر وڵاتی ڕۆژئاواییشدا بووەتە دەسەڵاتی یەکەم و چاودێری سەرەکی دەسەڵاتی جێبەجێکردنە، بۆ ئەوەی لەم ڕێگەیەوە پارێزگاری لە مافەکانی تاک بکرێت بە شێوازێکی مەدەنی و یاسایی.

---

^{٨٢} برهان غلیون، إغتیال العقل، سەرچاوەی پێشوو، ل٣٤٦.

پێویستە ژیان بگەڕێنینەوە بۆ شێوازی مەدەنی و ئەهلی، ئەوەش بۆچوونێکی هەڵەیە کە دەڵێت بنیاتنانی دامودەزگا نوێیەکان دەبێتە هۆی لەناوبردنی دەزگا تەقلیدییەکان، وا بزانی تەنها بە ئەمان دەزگا تەقلیدییەکانی کۆمەڵگە پێش دەکەون و بەرەو کرانەوە دەرۆن، چونکە ئێمە ئێستا دەسەڵاتە دیکتاتۆرەکان دەبینین بە دامودەزگایەکی مۆدێڕن دیکتاتۆری دەکەن، لە ڕووی زانست و پێشکەوتنیشەوە، ئەم ولاتانە تەنها ڕوویان لە دواکەوتوویی و هەژاری کردووە، لەبەر ئەوە بۆ گۆڕینی ئەم بارودۆخە پێویستە ڕێکخراوەکانی کۆمەڵگەی مەدەنی چالاك بکرێن و بەرپرسیارێتییان دیاری بکرێت و ئەوانیش لە ڕێگەی خۆیانەوە خزمەت بە گەشەپێدانی کۆمەڵگە بکەن.

پێویستە کۆمەڵگە مسوڵمانەکان، ئاگایان لە پاراستنی ڕەسەنایەتی و بەهاکانی ئیسلام بێت، چونکە ئەم گەلانە ئاین تێکەڵ بە کولتوور و شارستانیەت و پەیوەندییە کۆمەڵایەتییەکانیان بووە، لەبەر ئەوە لەکاتی باسکردن لە نوێگەری و گەشەپێداندا نابێت ئیسلام پشتگوێ بخرێت، چونکە کاتێک باس لە گەشە و پێشخستنی گەلێك دەکەیت لە ڕووی شارستانییەوە، دەبێت لە ڕێگەی بەهێزکردنی ئیرادەی هەستکردن بە ئیرادە و پاشخانە شارستانیەتەکەی بێت.

لەبەر ئەوە دەبێت بۆ ئەم مەبەستە کار لەسەر بەرجەستەکردنی جیهانبینی و بەها و بنەما گشتییەکان بکرێت لە کاروانی شارستانی و مەدەنی و ڕێنیسانسدا، چونکە یەکەمین مەرجی بەرەوپێشچوون و گۆڕان و چاکسازیی، گەڕانەوەیە بۆ خود، لێرەوە دەبێت پرۆژەی هەستانەوە و هەنگاو بۆ نوێبوونەوە بنرێت، چونکە ئەگەر لەسەر ئەم بنەمایە نەبێت، ئەوا هەر پرۆژە و هەوڵێك خزمەت بە ئایدیا و جیهانبینییەکی تر دەکات و لە ڕەوڕەوەی پێشکەوتنی شارستانیشدا دەبێتە پەراوێزی کولتوورێکی تر.

سەرچاوەکان :

١-   تقي الدين، سليمان: تحولات المجتمع والسياسة، أفكار عن عالم جديد، دار الحداثة، بيروت، ١٩٩٢.

٢-   الجابري، د. محمد عابد: المسألة الثقافية، مركز دراسات الوحدة العربية، بيروت، ١٩٩٤.

٣-   العظم، د. جلال، حنفي، د. حسن: ماالعولمة ؟ دار الفكر، دمشق، ٢٠٠٠.

٤-   مجموعة المؤلفين: ندوة العرب والعولمة، مركز دراسات الوحدة العربية، بيروت، ١٩٩٧.

٥-   أباه، د. السيد ولد: اتجاهات العولمة، المركز الثقافي العربي، دار البيضاء، ٢٠٠١.

٦- هاني، ادريس: المفارقة والمعانقة، رؤية نقدية في مسارات العولمة وحوار الحضارات، مركز الثقافي العربي، بيروت، ٢٠٠١,

٧- يسين، السيد: إعادة اقتراع السياسة من الحداثة إلى العولمة، الهيئة المصرية العامة للكتاب، القاهرة، ٢٠٠٦.

٨- محفوظ، محمد: الإسلام والغرب، حوار المستقبل، المركز الثقافي العربي، بيروت، ١٩٩٨.

٩- المنير، محمود سمير: العولمة وعالم بلا هوية، دار الكلمة للنشر والتوزيع – المنصورة، ٢٠٠٠.

١٠- التويجري، د. عبد العزيز عثمان: العالم الإسلامي في العصر العولمة، دار الشروق، القاهرة, ٢٠٠٤.

١١- عمارة، د. محمد: الحضارات العالمية تدافع أم صراع؟ في التنوير الإسلامي، ٢٤، دار نهضة مصر، القاهرة، ١٩٩٨.

١٢- عبد الهادي، د. حسين: العولمة النيوليبرالية وخيارات المستقبل، مركز الراية للتنمية الفكرية، جدة، ٢٠٠٤,

١٣- عبد الحميد، د. محسن: العولمة من المنظور الإسلامي، مطبعة زيان، أربيل، ٢٠٠٢.

١٤- يسين، السيد: العالمية والعولمة، دار نهضة مصر، قاهرة، ٢٠٠٠.

١٥- مجموعة المؤلفين: ندوة اشكالية العلاقة مع الغرب، مركز دراسات الوحدة العربية، بيروت، ١٩٩٧,

١٦- مجموعة المؤلفين: الحكم في عالم يتجه نحو العولمة، مكتبة العبيكان، الرياض، ٢٠٠٢.

١٧- الجابري، د. محمد عابد: قضايا في الفكر المعاصر، مركز دراسات الوحدة العربية، بيروت ١٩٩٧,

١٨- التويجري، د. عبدالعزيز عثمان: الحوار من أجل التعايش، دار الشروق، القاهرة، ١٩٩٨.

١٩- هنتنجتون، صموئيل: صدام الحضارات، اعادة صنع النظام العالمي، ترجمة: طلعت الشايب، دار الكتاب، القاهرة، ١٩٩٩,

٢٠- مقدادي، د. محمد: العولمة رقاب كثيرة وسيف واحد، المؤسسة العربية للدراسات والنشر، بيروت، ٢٠٠٠.

٢١- غليون، د. برهان: اغتيال العقل، المؤسسة العربية للدراسات، بيروت، دون ذكر سنة الطبع.

٢٢- السامرائي، د. نعمان عبد الرزاق: مدخل الى الثقافة الإسلامية، مطبعة انوار الدجلة، بغداد، ٢٠٠٣,

٢٣- بلقريز، عبدالإله: في البدء كانت الثقافة، افريقيا الشرق، المغرب، ١٩٩٨.

٢٤- بايار، جان فرانسو، أوهام الهوية، ترجمة حليم طوسون، دار العالم الثالث، القاهرة، ١٩٨٨.

شۆناس و ڕەهەندى بەجیهانیبوون

سەرچاوه فارسییەکان:

١– شرفی، محمد رضا: جوان وبحران هویت، أنتشارات سروش، تهران.

٢– محمدى، احمد كل: جهانى شدن، فرهنك، هویت، انتشارات نشونى، تهران، ١٣٨٣.

گۆڤارەکان:

١. البغدادي، د. احمد: أزمة الفكر الإسلامي في عصر العولمة، النهج، ع/٢٩/شتاء/٢٠٠٢.

٢. جمال الطاهر: الهوية الثقافية في العالم الإسلامي، قضايا دولية، ع/٢٢٧/ ٨مايو/١٩٩٤.

٣. د. عمار طالبي: العولمة وأثرها على السلوكيات والأخلاق، الرائد، تصدر على الدار الإسلامية للإعلام بالمانيا، ع/٢٣٦/، مايو ٢٠٠٢.

٤. حجازي، د. أحمد مجدي: العولمة وتهميش الثقافة الوطنية، عالم الفكر، م. /٢٨، ع/٢/اكتوبر/١٩٩٩.

٥. ابراهيم، حيدر: العولمة وجدال الهوية الثقافية، عالم الفكر م/٢٨/ع/٢٠٠٣.

سایتەکانى ئینتەرنێت:

١– هاني نسيرة: مفهوم الهوية بين الثبات والتحول:

http: //www. islamonline. net/arabic/mafaheem/arts/

٢– محمد حنفي: الهوية والعولمة:

http: //www. mokarabat. com/s797. htm

٣– خلف بشير: سؤال الهوية وصدمة العولمة:

http: /www. diwanarab. com/spip. php?auteur800

٤– خمسي عبداللطيف: الهوية الثقافية بين الخصوصية وخطاب العولمة الهيمني:

http ://www. fikrwanakd. aljabriabed. net/n4-o4khomsi. htm

٥– د. عثمان بن طالب: الهوية في مجتمع المعلومات:

http: //www. jusur. net/fekr. wez. htm.

٦– مقتدر خان: التحولات العالمية.. من جغرافيا السياسية إلى سياسة الهويات:

http: /www. islamonlin. net/iol-arabic/dowalia/9politic-april/2000/9p0litic14. acp

٧– محمد حنفي: الهوية والعولمة:

http: //www. mokarabat. com/s797. htm

٨– ابراهيم جاد الله: الثقافة العربية بين الخصوصية الكونية:

http//: www. rezgar. com/masp3i=1470

پێرست

عومەر عەلى موحەممەد

پەیمانگای جیهانیی فیكری ئیسلامیی

دامەزراوەیەكی فیكریی ئیسلامیی ڕۆشنبیریی سەربەخۆیە، لە سەرەتای سەدەی پانزەیەمی كۆچی (۱٤۰۱ك ـ ۱۹۸۱ز) لە ویلایەتە یەكگرتووەكانی ئەمریكا دامەزراوە، تا كار بۆ ئەم خاڵانەی خوارەوە بكات:

ـ فەراهەمهێنانی تێڕوانینی گشتگیرانەی ئیسلام، لەپێناو تەئسیلكردنی مەسەلە هەنووكەییەكانی ئیسلام و ڕوونكردنەوەیان، هەروەها لەپێناو پێكەوەگرێدانی بەش و لقەكان بە هەمەكییەكان (الكلیات) و مەبەست و ئامانجە گشتییەكانی ئیسلام.

ـ گێڕانەوەی ناسنامەی فیكریی و ڕۆشنبیریی و ژیاریی بۆ ئوممەی ئیسلامیی، ئەویش لە میانەی چەند هەوڵ و كۆششێكی بەئیسلامكردنی زانستە مرۆڤایەتیی و كۆمەڵایەتییەكان و چارەسەركردنی مەسەلەكانی فیكری ئیسلامیی.

ـ چاكسازی لە پرۆگرامەكانی فیكری ئیسلامیی هاوچەرخدا، بۆ ئەوەی ئوممەی ئیسلامیی توانای دووبارە گەڕاندنەوەی شێوە ژیانە ئیسلامییەكەی خۆی و هەروەها ڕۆڵی خۆی لە ئاراستەكردنی كاروانی ژیاریی مرۆڤایەتی و بەرچاوڕۆشنكردنی و گرێدانی بە بەها و ئامانجەكانی ئیسلامەوە، هەبێت.

پەیمانگا، بۆ بەدەستهێنانی ئامانجەكانی چەند هۆكاریك دەگرێتەبەر لەوانەش:

ـ بەستنی كۆنگرە و سیمیناری زانستی.

ـ هاوکاریی هەوڵ و کۆششی زانا توێژەرەوەکانی زانکۆ و بنکەکانی توێژینەوەی زانستیی و بڵاوکردنەوەی بەرهەمە زانستییە نایابەکان.

ـ ئاراستەکردنی توێژینەوە زانستی و ئەکادیمییەکان لەپێناو خزمەتکردن بە فیکر و مەعریفە.

هەروەها پەیمانگا چەند نووسینگە و لقێکی لە پایتەختی وڵاتە عەرەبی و ئیسلامییەکان و وڵاتانی تریش هەیە، کە لەرێگەیانەوە کار و چالاکییە جۆراوجۆرەکانی خۆی ئەنجام دەدات، هەروەها چەند رێکەوتننامەیەکی لەگەڵ ژمارەیەک زانکۆی عەرەبی و ئیسلامیی و خۆرئاوایی لە سەرانسەری جیهاندا بۆ هاوکاریی زانستی هاوبەش، هەیە.